惘  然

纪 念 张 爱 玲 诞 辰 1 0 0 周 年

张 爱 玲

淳子 著

时代出版传媒股份有限公司
安徽文艺出版社

图书在版编目（CIP）数据

惘然·张爱玲/淳子著. —合肥：安徽文艺出版社，2020.10
ISBN 978-7-5396-7029-4

Ⅰ.①惘… Ⅱ.①淳… Ⅲ.①张爱玲（1920-1995）—传记 Ⅳ.①K825.6

中国版本图书馆CIP数据核字(2020)第165215号

出 版 人：段晓静
责任编辑：韩　露　　　　　　装帧设计：马德龙

....

出版发行　时代出版传媒股份有限公司　www.press-mart.com
　　　　　安徽文艺出版社　www.awpub.com
地　　址：合肥市翡翠路1118号　邮政编码：230071
营 销 部：(0551)63533889
印　　制：安徽新华印刷股份有限公司　(0551)65859551

....

开本：710×1010　1/16　印张：21　字数：300千字
版次：2020年10月第1版
印次：2020年10月第1次印刷
定价：58.00元

....

（如发现印装质量问题，影响阅读，请与出版社联系调换）
版权所有，侵权必究

他们只静静地躺在我的血液里,等我死的时候再死一次。

—— 张爱玲

赖雅档案中的张爱玲 存于美国马里兰州大学

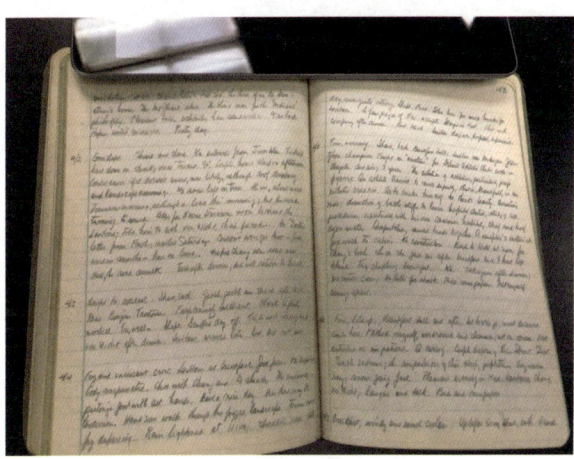

《赖雅日记》 存于美国马里兰州大学

上海,麦根别墅。张爱玲出生于此

南京"小姐楼"。春暖花开的时候，张爱玲的奶奶会扶着用人的肩膀走到园子里面看白玉兰盛开

美丽园，胡兰成在上海的家。张爱玲在这里遇见胡兰成

美丽园玲珑的阳台，八角形的大窗子，玉兰树过了楼顶，又茂盛开来，好像等了千年的情人

哈佛大学燕京图书馆 左：作者 右：哈佛大学张凤女士，曾受哈佛大学汉学家韩南的委托处理张爱玲的遗物

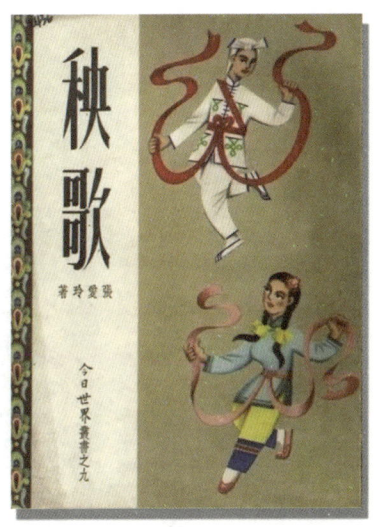

《秧歌》封面

《十八春》初版（上海图书馆提供）

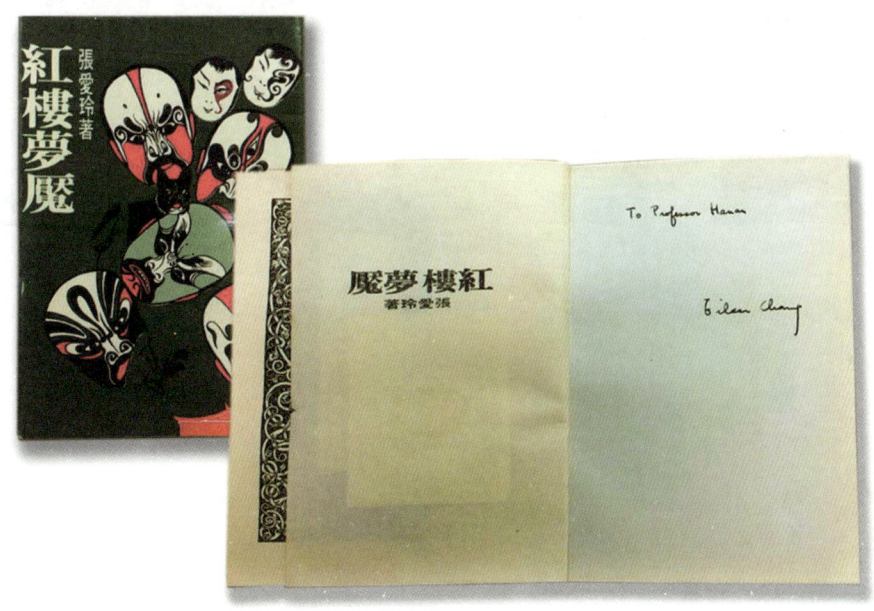

张爱玲赠给哈佛大学教授韩南的签名本（哈佛大学燕京图书馆保存）

纽约。听著名学者董鼎山回忆与张爱玲见面时的情形

加州,伯克利大学。张爱玲旧居卧室

淳子于南加州大学总图书馆采访图书馆研究员浦丽琳女士

洛杉矶。好莱坞附近,张爱玲公寓的客厅

张爱玲人虫大战搬家的第一站,地址:洛杉矶好莱坞区菱形大街(argyle ave)2025号26室

洛杉矶。张爱玲最后的居所

洛杉矶南加州大学图书馆特别收藏部的六个盒子,收藏了张爱玲在美国的全部手稿复印件

走到底,紫色的门,张爱玲在这扇门内往生

陈伟达饭店位于法租界霞飞路,颠覆张爱玲命运之处

李鸿章及其儿孙们。前排左二,李鸿章孙子李国熙,"金锁记"中姜家二少爷原型

张佩纶 李菊藕

李菊藕与子女

张佩纶《涧于集》

孙用蕃（张爱玲继母）

因为有异域的美丽,张爱玲特地去研究人种学,希冀找出母亲血缘中不同气质的DNA(香港大学图书馆提供)

逃出旧的家(老宅),与母亲和姑姑住在开纳公寓

伦敦。张爱玲母亲居住的街区

《传奇》增订版封面

韩素音《瑰宝》封面

《太太万岁》剧照

电影《不了情》剧照

宝隆医院。一九二八年,张爱玲一家从天津搬到上海,住在附近。现为长征医院一部分

推开卡尔登的窗子,依次为远东第一高楼——国际饭店,金门饭店(张爱玲父亲和继母举行婚礼的地方)

卡尔登公寓毗邻大光明电影院后门。张爱玲的姑姑曾在大光明电影院担任翻译员

昔日香港大学

卡尔登公寓(今长江公寓)

温州籀园图书馆。胡兰成常在这里看南京、上海的报纸

温州中学。胡兰成冒了张爱玲祖父家的人,化名张嘉仪在此谋得教职

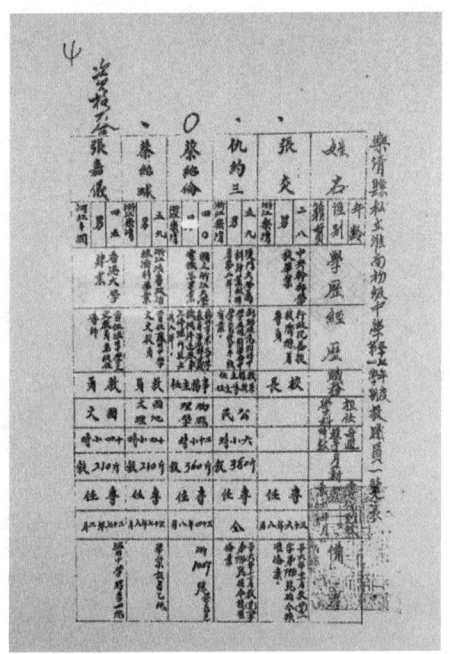

温州时期的胡兰成,假借张爱玲的学历,张嘉仪(胡兰成)"香港大学肄业"

温州徐家台门。胡兰成和范秀美的栖身地

胡兰成与妻子全慧文（胡兰成之子胡纪元授权）　　张爱玲遇见胡兰成时（胡兰成之子胡纪元授权）

1981年,胡兰成、佘爱珍在日本自家门前(胡兰成之子胡纪元授权)

张爱玲母亲(香港大学档案中心提供)

李菊藕

 新感觉派穆时英

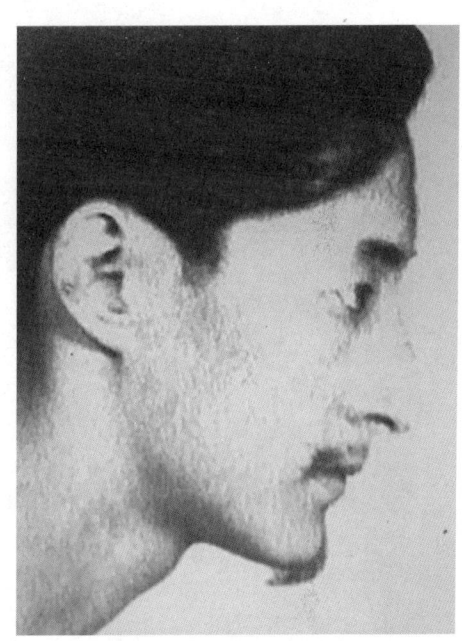 诗人、出版家邵洵美

1952年 罗湖桥关卡

爱默生旧居

旧金山。张爱玲和赖雅曾居住于此

好莱坞高地。张爱玲生活的场域之一

加州伯克利大学。张爱玲曾在此任研究员

1947年左右的张爱玲（导演桑弧拍摄）

旧金山。城市之光书店

垃圾事件发生地　　　　　　　　　　　旧金山唐人街。张爱玲在《重访边城》一书中曾提及在旧金山居住的日子，文章中说她喜欢走两个街区到附近的唐人街买豆腐

洛杉矶。张爱玲公寓,她在这里完成了重归中文文坛的转身

纽约。李鸿章 1896

哈佛大学。张爱玲旧居

纽约。胡适公寓

瓦尔登湖。爱默生、梭罗、张爱玲在此相聚

瓦尔登湖 梭罗的小木屋

赖雅档案中的赖雅与张爱玲 存于美国马里兰州大学

美国。又一个张爱玲旧居,又一个隐喻的门厅

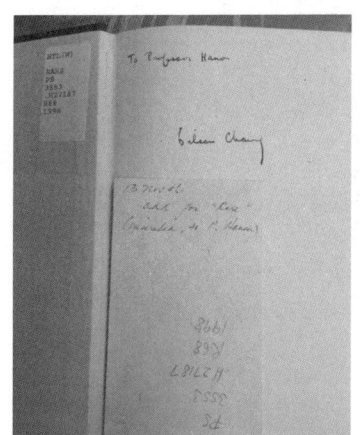

张爱玲赠给哈佛大学教授韩南的签名本(哈佛大学燕京图书馆保存)

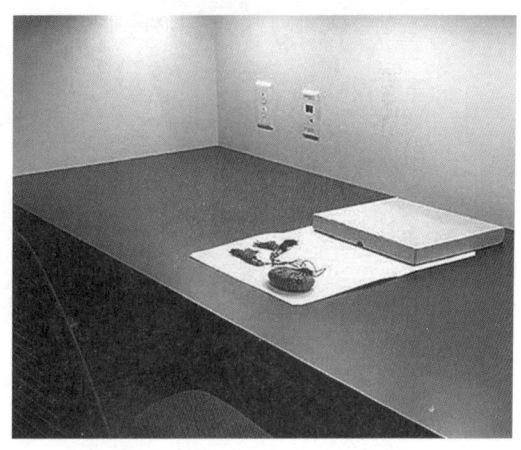

李鸿章的女儿、张爱玲奶奶留下来的绣花荷包。现珍藏于旧金山伯克利大学图书馆。

出演过张爱玲剧本的电影明星。从左至右：葛兰主演《六月新娘》、林黛主演《情场如战场》、叶枫主演《一曲难忘》、尤敏主演《小儿女》

《色,戒》原型,中统间谍郑苹如

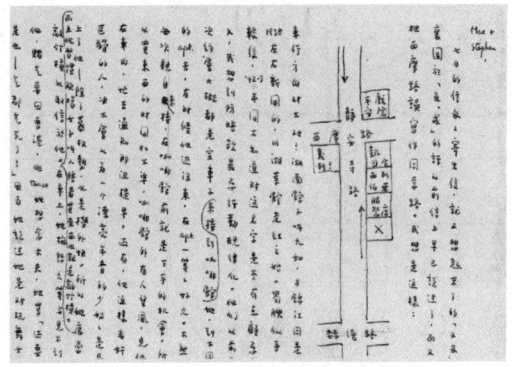

张爱玲写作《色,戒》时,为刺杀事件画了一张草图,寄给宋淇,请其确认

西比利亚皮草行。可能是郑苹如刺杀丁默村的真实地点

民国二十八年（1939年）12月22日 申报报道"刺丁案"

中统上海站站长陈彬,指挥刺杀丁默村的直接领导
(陈彬后人授权)

飞达咖啡馆。老上海,名媛绅士下午茶的地方。张爱玲在美国,常念起飞达咖啡馆的点心

李鸿章、李瀚章与他们的子孙（右一李国杰）

李家老四房的孙女李国朴和李鸿章外孙女、张爱玲姑姑张茂渊（张爱玲侄女张世贤授权）

大约1982年或1983年，张爱玲姑姑张茂渊，在李家老四房家拍摄（张爱玲侄女张世贤拍摄授权）

李鸿章的孙子李国杰

李玉良(家瑾),《金锁记》中长白的原型

三妈妈去世时媳妇卞慧卿服孝

李玉良、卞慧卿夫妇,《金锁记》中长白和娟姑娘的原型

张爱玲遗嘱受益人宋淇与邝文美夫妇

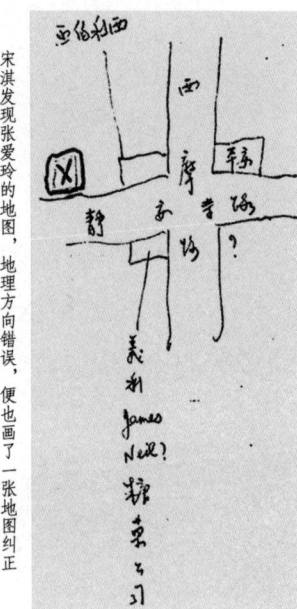

宋淇发现张爱玲的地图,地理方向错误,便也画了一张地图纠正

上海。宋淇家老宅,傅雷借居于此。《殷宝滟送花楼会》故事现场

香港。嘉道理山,宋以朗公寓

"殷宝滟送花楼会"实在坏,不收。是写傅雷的。他的女朋友当真听了我的话到内地去,嫁了个空军。很快就离婚。我听见了非常惭愧

张爱玲写给宋淇的信(手迹),点明《殷宝滟送花楼会》写的是傅雷

张爱玲生命最后的街区。她曾提着垃圾袋走了两个街区,丢弃被蚂蚁接触过的衣物和印刷品

重华公寓临街的窗口

作者淳子造访罗切斯特大道上的张爱玲公寓。门厅有一面大镜子,是否也曾映照过张爱玲晚年孤独的身影

序　她尾随着张爱玲款款走来

我们念大学时，张爱玲是被尘封的，那时大陆的主流文学史里面从来不提张爱玲的名字，只知道鲁郭茅巴老曹等，上海文坛乃至中国文坛似乎压根儿没有张爱玲的存在。

张爱玲刚启封时，我敢说，那时淳子要比张爱玲出名。凭借着东方台的红火，几乎每一档节目的主持人都有一群粉丝，更何况淳子主持的是一档崭新的关于心灵抚慰的长达六小时的通宵节目——《相伴到黎明》，凭着她的文学才华，凭着她的记者阅历，凭着她款款道来的细声慢语，凭着她善解人意的古道热肠，她征服了夜空，收获了听众无数。那时候可以说没有张爱玲什么事，有的是淳子的夜空。然而，很快张爱玲被启封了，这位曾经风靡上海滩的女作家重新获得了文坛的认可，她的作品包括她的生平引起无数人的兴趣，而淳子就是其中之一。从忠实的读者到权威的诠释者、研究者，淳子耗费了无数日日夜夜与张爱玲厮守相伴，我没有见过如此的痴迷者，如此执着不渝的研究者。

我曾担任过学术机构的领导，我也交往了许多学界的朋友，但我几乎没见过像淳子研究张爱玲这样疯狂的，她不仅熟读了张爱玲每篇文章，甚至追踪张爱玲的足迹，寻访她生活工作过的犄角旮旯，不管天南海北、国内国外，但凡张爱玲踏足过的城市、街道、寓所、学校，一直到几弄几号几室，她都像侦探一样，亲自去踏勘；但凡与张爱玲有过交集的人物，以及与张爱玲有过一丝一缕相关的事物，她都像探矿一样去发掘。

为了探寻张爱玲在美国的四十年足迹，她会埋首在卷帙浩繁的档案里，悉心追寻。在美国查找资料的来访者记录里，近十五年，淳子是唯一一人。有时就为了看一眼张爱玲的一处曾短暂逗留过的寓所，她会在十余次的造访未果后，依然锲而不舍。就像她在《花落：张爱玲美国四十年》一书中说的，"于我而言，有关张爱玲的一草一木，一字一帖，都会引起内心的震动，这是我的痴"。于是，一部一部研究张爱玲的著作从她笔端流出，潺潺不绝，琤琮作响，她为此已经撰写出版了十一部专著。也许，有些学者会不认同她的著作，认为不符合规范的学术专著的套路。她的相关张爱玲的著作，确实不那么"学术"，因为，有的人一"学术"就故作高深，一"学术"就囿于幽苑，一"学术"就佶屈聱牙，一"学术"就不忍卒读。而她，几乎每一本相关张爱玲的著作都成为了畅销书，甚至刚出版不久便告售罄。她以她独到的见解、独到的文字、独到的材料、独到的田野调查而征服读者，以致美国、澳大利亚、英国和中国的香港、台湾等都盛情邀约，不光是请她去考据，还请她的文字，请她的演讲，请她的上海女性的魅惑。甚至央视的名栏《百家讲坛》也邀请她去，与红学大家周汝昌等一起为全国观众讲她的张爱玲。淳子再度因张爱玲这位民国女子而火起来。成为张爱玲研究的代表性人物之一。

其实，何谓学术？不就是学以致用、术有专攻吗？淳子对张爱玲的了解从为文到为人，从生活到爱情，从人生履痕到文学旅程，可谓既统观全局又细致入微，既高屋建瓴又鞭辟入里。她的考据、检索、调查、阅读就大陆研究张爱玲来讲，恐很少有人出其右。这就是做学问的态度，做学问的钻研，做学问的严谨，只不过她的表达不是枯燥乏味的高谈阔论，不是故作姿态的引经据典，而是亦论亦叙，借散文的笔调、借小说的技法，甚至借用电影蒙太奇的剪辑，把叙述者和被叙者、把现实的场景和历史的闪回巧妙而不露斧痕地组合与叠加，赋予论文以文艺的灵动和女性的旖旎，就像苏东坡自诩的那样："刚健含婀娜。"

这里不得不提淳子的文字，她的文字自有一功，特色非常鲜明，哪怕你抹去作者的名字，一读文字便会觉得这是淳子的文笔。简洁、短促、跳跃性强，画面感浓。她很少写长句子，有时甚至惜墨如金，几个字就把韵味勾兑出来。但她也有女性的偏好，对服饰衣着、梳妆打扮、美味佳肴，往往会不吝描写，这一点暴露出上海女性的特点，甚至她的语调语法都会浸染些许民国时期的余渍。难怪她与潘迪华这样的女子一见如故。她喜爱旗袍，喜爱《夜来香》这样三四十年代流传的歌谣，其实，她身上淡淡的小资味正是民国时上海女子的写照，她似乎从那时泛黄的月历牌和香烟牌上走下来，穿越时空来到当下。因此从这一角度，她研究张爱玲倒是非常契合。

  我和淳子既是大学时代的同窗，后来又是一个单位的同事，所以彼此非常熟悉。记得她给我的第一印象可谓惊鸿一瞥，我们新生报到那一天，规定体检，学校医务室的老师坐在报到台边给每位新生抽血。我班有位同学长得有点肥胖，伸出他胖鼓鼓的手臂，医务室的老师竟找不出他的静脉血管，连抽三次无功而返，痛得这位同学哇哇乱叫，那位老师也有点慌了手脚。正在尴尬之际，排队等候抽血的学生队伍里，走出一位眉清目秀的女生，她走到医务室老师边上，轻轻说："老师，我来试试！"然后她沉着地捏起针筒，一针下去，立马见血。大家不禁都为之喝彩。这样我们就认识了这位同学,她叫李忠民,很有时代感的名字,以后笔名叫淳子。原来念大学之前,她是瑞金医院一名白衣天使。进大学之后,她一直在学校广播台帮忙,也许冥冥之中,为她日后进电台工作做好了铺垫。毕业后,她去了中国唱片厂做编辑,以后又去了《上海文化艺术报》做记者,但她似乎还心心念念着进电台。我当了东方台台长后,这样的机会来了,她成为新成立的东方台第一批主持人。

当时东方台推行主持人中心制,这样的体制机制非常适合主持人成长,东方台是上海第一个实行24小时直播的全天候电台,以往,从子夜到凌晨这座城市上空是寂寞无声的,我们填补了这一空白。我们设置了一档我亲自取名为《相伴到黎明》的通宵节目,它针对失眠、失业、失恋、失足、失意者,淳子担纲了这档最辛苦的节目,当然与她轮流主持的还有梦晓、叶沙、魏民。很快这档深夜通宵达旦的节目竟成为东方台最红的节目之一。淳子等主持人温婉柔情的话语为那些"失落"者打开了一扇窗,成为了城市夜晚的心理按摩师。于是,经常会看到这样暖心的场景:凌晨热心听众会端着牛奶、鸡汤守候在传达室,等候节目主持人下班。我指的就是这阶段淳子的名声要超过张爱玲,至少在上海、在长三角这是一点不夸张的。然而,有一天淳子要离开了,新加坡丽的呼声电台闻讯来挖她,于是她走了,临行,我对她说,只要我还做台长,电台大门始终对她敞开着。前两年,我也是如此与将赴香港凤凰台的窦文涛这样讲的。后来,我们搬进了虹桥的广播大厦。某一天,从新加坡回来休假的淳子对我说:"台长,我真羡慕你们搬进这样气派的大楼,我想回来。"其时我知道她已可以拿到新加坡永久居住证,然而她说尽管这样她还是想回来,那边太寂寞了,没有人说话。她指的说话人是有头脑有智慧有情怀的人,新加坡的精英也都流失去欧美了,只留下一些为生计而操劳的人,于是她有一种深深的难以排遣的寂寞感。就像她在她的一本书里说的,"我要回去,这里像花园,可是和我有什么关系呢?这里的街道、这里的房子里,是没有我的故事的"。于是,她海归了,来到了她心仪的广播大厦上班。但她回来不久就闯了一桩不大不小的祸。因为她总是想说一些不落俗套的话,然而偏偏踩雷了。于是,她不得不接受处分。为此我不得不"冒险"为她减轻处罚,最终她离岗"休克"半年。其实说到底,我挺身救弱既是为她,又不全是为她。东方台是靠改革开放、探索创新起家,这是我们安身立命的根基,如果我们没有容错纠错的机制,没有宽以待人的氛围,就会让明哲保身、不思进取的平庸风气滋长并弥散,那么东方台改革探索的锐气将会钝化,这是我最不希望看到的。而淳子就在这样的历练中逐步成熟起来。以后我离开了东方台，调任国际艺术节担任总裁，我们交往就少了。但是她永远是位"艺青"，逢艺术节演出特别高档的节目，我记得如欧洲交响名团，如世界芭蕾名团，如新潮的现代艺术等，她会来蹭戏，但我没有票了。唯一可能的是开场时看看在大剧院保留的11排工作位是否坐满了，如果还没有坐满的话，我可以让她进来填充，她就这样做了好几次候补观众，可见她对艺术执着的喜爱。现在她用这种近乎痴迷的喜爱来接纳张爱玲，于是一发不可收，她走进了张爱玲的生活，张爱玲走进了她的写作。

关于张爱玲，淳子又有了第十二本著作，我花了将近两天的时间仔细读了，我不得不由衷感叹淳子的日益长进，她的文字老辣而又弥散着女性的细腻，也许这缘于她的勤奋、笔耕不辍，但更缘于她和张爱玲的不离不弃。这两位不同时代的女性神交心契、隔空相拥，张爱玲以及她的作品始终伴随着淳子、缠绕着淳子，"暮霭四合，刚下过雨，小径上湿漉漉的，满目都是她的句子，她撑着雨伞，抱歉地走来，消逝在传说里"。这就是淳子的自我写照，某种程度上她生活在张爱玲的世界里。

因此她写张爱玲就像写她自己，如书中写张爱玲的出场似乎信手拈来，出语不俗、栩栩如生："张爱玲，天鹅颈，传说中的伶仃，一件清朝大镶大滚的袄，下摆处露出一截宝蓝色旗袍，平金牡丹戏凤绣花鞋,头发极短,玳瑁鹅黄眼镜,托一壶茉莉香片,唇间一抹香奈儿的殷红,似乎闻得到甜蜜的味道,是中年,却又完全没有年龄的界限。青衣身段,袅袅的,从厨房这边踱出来。"完全是一部电影的出场画面,非常有镜头感。而她写张爱玲的人生落幕又是那样真切与精辟:"日子已经过破了,懒得去缀补了。活得太久了。惘然,惘然,惘然——""她的一生,自恋、自负、自闭、自怜、自量、自知、自制、自省、自赎、自勉、自强。生在这世上,没有一样感情不是千疮百孔的。"这就是张爱玲潦倒地客死他乡的归宿。

　　这是一本写张爱玲一生的纪实文学,但淳子不断将自己摆进去,她的痴迷、她的寻觅、她的追踪、她的目睹都融入这本纪实文学,使读者经常有角色进进出出的幻觉,但读来并不感觉别扭,好像布莱希特的"间离"效果。她还大胆地将上海"海派文化"的滥觞牵到张爱玲身上,"张爱玲高举着'出名要趁早'的大旗,跳出了五四新文化运动,直接用《红楼梦》链接欧美文学,标新立异,自成一派,一路呼啸,横扫各路名家。多年后,她的文学,被贴上'海派文学'的标签,她成为祖师奶奶"。其实这本关于张爱玲的纪实文学,并不完全是常规意义的纪实文学,它有观点、有评述、有考据、有调研、有采访,它是淳子的一种独特文体,不拘一格而又自成一格。

上海素有东方巴黎之称，巴黎太丰富了，上海也是太丰富了。淳子虽然在上海市中心的幽雅之地长大，但是她仿佛一直徘徊在上海的郊野，就像她自己说的，"很久以来，由于无知、习惯、狭隘和漫不经心，对于自己出生、成长的上海熟视无睹，一直站在它的门外。张爱玲轻轻地过来，领了我进去。我需得敲门，她不要的，因为是她自己的家"。张爱玲是上海的女子，尽管她下半生移居美国，但是她出生在上海，在上海长大、在上海写作、在上海出名，上海是她的风水宝地，是她的根脉。"上海真真的是盛宴，你要，它就给，仿佛取之不尽，仿佛宅心仁厚。只是，如果没有了张爱玲的文本，我是不能够如此真切地感受到上海的。"于是，淳子鬼使神差地尾随着张爱玲，纠缠痴癫，不离不弃，义无反顾地走去，由此，她认识了上海，她认识了世界。

陈圣来

（原上海东方广播电台台长，现为国家对外文化交流研究基地主任、上海国际文化学会会长、上海社科院国家高端智库资深研究员。）

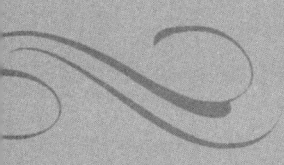

目 录

序　她尾随着张爱玲款款走来 / 001

第一章

谱系 / 003

破网 / 009

何去何从 / 018

失败的名媛计划 / 022

第二章

出名要趁早 / 033

低到尘埃 / 039

一纸婚书 / 049

女性通道 / 054

散了,远了,枯萎了 / 058

洗心革面 / 071

找补的爱 / 077

最后的证人 / 085

第三章

单程车票 / 093

纽约,拜码头 / 095

单人床,双人梦 / 100

一个婚礼,两个葬礼 / 105

执子之手 / 111

失灵的卦 / 116

波士顿寡妇 / 124

第四章

活着,就要写下去 / 131

语词事件,毁了妆容 / 142

两个人的新闻发布会 / 149

重回中文文坛 / 159

人虫大战 / 167

垃圾事件 / 174

林青霞扮演了她 / 179

最后的出演 / 183

今晚,她将离去 / 192

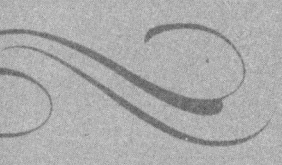

收梢 / 199

《海上花列传》英译本的语词悬案 / 203

《金锁记》的后台 / 216

《色,戒》的历史片场 / 220

附录

《惘然·张爱玲》访谈 / 226

张爱玲大事节略 / 236

第一章

谱 系

张爱玲戏码的大幕拉开，这次她很大方，无须买票，均可入场观看——一个女人的史诗。

美国洛杉矶。

张爱玲公寓。

一米阳台，石榴裙状铸铁栏杆，罗密欧风格。

落地窗。

一张酒吧桌，隔开了厨房和卧室。

镜子，占据了一面墙，底部描绘着玫瑰花丛。

一张折叠钢丝床，灰蓝色毛毯，一半在床上，一半落在地上。懒得收拾。

铜质落地灯，三排灯泡。

照片贴满一壁。

依次是——

曾外祖父李鸿章，祖父张佩纶，祖母李菊藕，父亲、母亲、姑姑、弟弟、继母——

张爱玲，天鹅颈，传说中的伶仃，一件清朝大镶大绲的袄，下摆处露出一截宝蓝色旗袍，平金牡丹戏凤绣花鞋，头发极短，玳瑁鹅黄眼镜，托一壶茉莉香片，唇间一抹香奈儿的殷红，似乎闻得到甜蜜的味道，是中年，却又完全没有年龄的界限。

青衣身段，袅袅的，从厨房这边踱出来。

搁下茶壶，抬手，拧亮落地灯，落日的辉煌，电的光明，居室瞬间成为电影片场。

她在镜子前顾影自盼，选出一副翡翠耳环，比画了一番，搁下，又拣出一副硕大的蓝宝石耳环，玉葱的手，仔细地戴上。对于不会说话的人，衣服是一种语言，随身带着的一出袖珍戏剧。

她用手帕托住茶壶，啜了一口，微蹙眉道："美国的茶叶真不能喝，寡淡。"

迈着碎步，念着纳兰性德的词："风淅淅，雨纤纤。难怪春愁细细添。记不分明疑是梦，梦来还隔一重帘。"

这是曾外祖李鸿章的习惯，饭后绕室踱着步子，大声吟哦，有《出师表》，也有奏章。父亲承袭了先祖的习惯，声韵洪亮，最后一句，运着声腔，拖延出去，收不住梢。

每每，父亲在她面前走趟子，她总不免伤感：前清遗老遗少，视民国为敌国，纵有绝世奇才，已无国可报。

一撩窗帘，朝对街望去，一家服装定制工作坊。

早已过了服装疯狂期。那是继母时代的后遗症。这家店离她这样近，枉然了。

全天候点着灯的，抵御黑夜，抵御寂寞，照耀家族往日的辉煌。

曾外祖李鸿章，晚清四十年，每一页都有他的签名。

他是裱糊匠，糊一个千疮百孔的大清王朝，就连他女儿、张爱玲祖母的婚姻，也是他亲手糊的一盏纸灯笼。荣耀的背后总是悲剧。李鸿章是一个悲剧，一个无法忽略的"背锅侠"。

谁又不是悲剧呢？

她的嘴角，掠过一丝嘲讽。

轻巧地坐在地上，家族照片，排成一张血缘地图。

祖父张佩纶，清朝重臣，喝足了酒写奏折，弹劾贪官，奏一个倒一个，满朝官员一时侧目，怕他，也恨他。他主战。中法海战，大清的海军一败涂地。传说他是顶着铜脸盆逃出来的，从此被贬。老爹爹李鸿章爱才，招他为幕僚，还把千金李菊藕许配给他做填房。即使黑白照片，也可以从虚胖的脸颊看见酒色，看见蛮横和落寞。可怜李府千金，多美的一个人儿呀，凝脂，樱桃唇，浮一个婉约的笑靥。出嫁前，浅浅慢慢，站在母亲身边，握着荷包。荷包上，满地苍翠间，一只趾高气扬的公鸡，是绣给男人的。女人在这块方寸之地上，针针线线雕刻着自己的春心，譬如杜丽娘。

女人就是这样，想的是男人，说的也是男人。波伏娃大约是对的，女人就是男人身上的一根肋骨。

李鸿章把千金许配给了刚愎自用的中年男人做填房，她二十三。他四十，有肝病，时不时摔杯子砸碗，仰天长啸也牢骚满腹；得李鸿章恩惠和庇护，娶得德才貌美的相府小姐，连带着不菲的嫁妆，却因自尊自卑自负之各种不合时宜，竟是连赋闲颐养书斋也不能。

书信里，女儿不免向母亲告状。

母亲赵小莲本就不同意这门婚事，便去李鸿章处叨扰。老爹爹李鸿章心疼女儿，常给予张佩纶各种仕途机会，均被其以各种理由推托了，推托了也罢，还处处与恩师兼丈人龃龉。李鸿章并不计较，时将宫里赏赐的好玩物件赠给姑爷；到了秋风紧、江蟹肥时，漏夜派人送去南京女儿府上。于是，张佩纶和李菊藕，才有了月下温酒熬蟹煮诗的浪漫。

1901年9月7日，《辛丑条约》签订，11月7日，李鸿章病逝。

葬礼上，李菊藕哭成个林黛玉。老爹爹的死是委屈的，连她的婚姻也是委屈的。

王文韶代替李鸿章出任全权大臣，直隶总督换成袁世凯。张佩纶参与议和有功，慈禧下诏，以四品京堂启用。张佩纶因与王文韶"既有深隙，难于共事"，称病不出。

1902年，两江总督张之洞在南京约见张佩纶。二十多年前，两人同为朝中清流主将，如今张之洞为封疆大吏，张佩纶马江之战后半生坎坷，诸般磨难，几盏酒后，不觉生不如死，掩面长泣。

此后，他更是目光散淡，了无情趣，纵酒无度，自暴自弃。

1903年1月31日，病逝，享年五十六岁。

也许是觉得对不起恩师父女。

张佩纶和恩师的女儿李菊藕，终究难成"孔雀东南飞"。

李菊藕三十几岁就守寡，还没有来得及绽放已是老去。

春天，海棠开的时候，她扶着丫鬟的肩头，一步三摇，去院子里看花，春心不灭，到底意难平。她身上有痣，一朵一朵，像桃花的芯子，金庸笔下的朱砂痣。她身边的丫鬟说，老太太那个省哦，连手纸也省，担心坐吃山空。命运就是这样防不胜防，她的防卫又是这样卑微、无助。

1911年，辛亥革命，李菊藕带着一双儿女，先青岛，后上海，一路避难，张佩纶的许多手稿未及携带，毁于兵火。

张爱玲没赶上看见他们。但她爱他们，甚至他们的婚姻模式。他们对于她，是一种沉默的支持。他们静静地躺在她的血管里，等她死的时候，他们再死一次。

奶奶的荷包，是随着母亲的遗产寄到美国的，那只悲哀的箱子。夜来窗外，树叶沙沙，她把荷包轻轻按在心口。他们的血脉给她力量和勇气。

日后，无论与胡兰成还是赖雅，都是老少配的结构。

她只对中年男子有激情。

破 网

1937年暑假。

张爱玲高中毕业。

母亲建议她出国留学。

父亲自然不同意,怕花钱。继母在一旁挑唆着。

留学考试期间,张爱玲住在法租界母亲下榻的酒店。

两周后,考试结束,张爱玲回父亲家。

父亲的家在公共租界,清末民初的大宅,清水红砖,花岗岩门廊,几十个房间,连着网球场和一个园子,是李鸿章给女儿的嫁妆。父母于此结婚,张爱玲和弟弟于此出生——张爱玲历史的起点。

午饭时间,客厅的百叶窗遮挡着暑热,冰块在稻草窝里,发出丝丝的凉气。

墙上挂着几幅画,陆小曼的青绿山水画镶了红木框子,偏在一隅。

烈日下的阳台，空空荡荡。曾经，弟弟被父亲打，张爱玲心疼得落下眼泪。继母讥笑道："又不是打你，你哭什么？"

不一会儿，只听得玻璃窗上嘭的一声，弟弟张子静在玩球，早就把被打之事抛在脑后了。张爱玲恨鲥鱼刺多，亦恨弟弟没有记性。

张爱玲的父亲和继母总是待在二楼——烟榻在二楼。

保姆见大小姐回来，赶紧趋前，催她上楼更衣就餐。

张爱玲上楼，一抬眼，继母出现在楼梯转角。

继母道："出去这许多日子，也不禀告。"

张爱玲道："与父亲说了的。"

"与父亲说，不与我说，这是不把为娘的放在眼里。"继母边说着，边将张爱玲拦住，似乎要拿出尊严来。

继母是北洋总理孙宝琦的七闺女，庶出，在妻妾成群、三十多个兄弟姐妹之间长大，装腔作势，颇有王熙凤的本领，因着年轻时的一段荒唐情史，被耽搁了。三十六岁，嫁给李鸿章的外孙、张佩纶张钦差的儿子，也算是体面。

张爱玲本来就对继母忌惮，以前住校，也就敷衍过去了。今日突遭继母唐突，大小姐脾气起来，便决意冲撞。

继母扬手一个巴掌，张爱玲本能地回击。

继母一个趔趄，待到稳住了身子，一声尖利的、高亢的哭腔，转身上楼去告状。继母惯会的手段。

——父亲闻声，下得楼来，但见自己的女儿，似瘦瘦的一根竹竿，倔强地站立在屋子中央。他在女儿身上看见了前妻，那样凛然不可侵犯不可妥协，完全是主宰乾坤的样子。他愤怒了，失控了，挥掌，左边一下，右边一下，又对着女儿的腹部一脚踹下去，张爱玲倒在地上，父亲更是一脚连着一脚踢将过去。张爱玲先还是哭泣，大喊家暴，报警，此刻，已是喑哑下去，渐渐地，眼前漆黑，辨不出方向，竟是成了一个沉默的沙袋。下人们这才上来，赶紧把张爱玲拖进一间堆放杂物的房间。

父亲就此宣布，禁闭禁足。

独自一人，躺在满堂闲置的花梨木家具中间，只管流泪，心里却是清亮亮的。她知道，从今往后，这个家，是没有她的份了。

晚来，家里的人都安歇了，父亲的屋子里，留声机播着程砚秋的《荒山泪》。

自小看护她的保姆何干进来，托盘里，一碟掌鸡蛋，一碟合肥丸子炖粉皮。

何干道："厨房里特地为你新做的，将就吃一点。明天去给你父亲赔个不是，就没事了。"

张爱玲不响，只默默吃着。

不远处，苏州河对岸，日本人已占领了北火车站。

传来枪声、爆炸的声浪。

1937年10月27日，五二四团团副中校谢晋元带领414北士，坚守四行仓库。

她搁下饭碗，听着，心里寻思，如果此刻扔下一颗炸弹，把这屋子里的人连她一同炸死，干干净净，那该多么快意恩仇！

隔天，家里请客，继母特地从杭州聘了楼外楼的大厨。继母家祖籍杭州，为了显示嫁得好，每次家宴，她都做足功课。

继母朗朗地念菜单给父亲——西湖一品煲，糯米素烧鹅，荷叶粉蒸肉，鲍鱼扣鸭，蜜汁火方，西湖醋鱼，龙井虾仁，蒜泥熘鳝卷，开洋煸尖笋，火腿蚕豆，干炸响铃，一只龙凤呈祥大拼盘，一只鸳鸯荷花冷盘，点心西红柿锅巴，鸽子煨面……

父亲自然是应承着。父亲不在乎吃什么，含着金钥匙出生，什么没吃过？都腻烦了。他只爱车，新款进口的车子，他必是主顾。

下人们进进出出，个个兴致盎然，家里宴请宾客，可以多拿赏钱。

下午三点多，陆小曼和翁瑞午就来了，还有继母一家子。

徐志摩飞机失事后，徐家承诺，供养陆小曼；如改嫁，则终止供养关系。陆小曼虽是早就依了翁瑞午，却还是顶着徐志摩遗孀的头衔。

琴师们才吃了点心，此刻便操着乐器登堂。

这几位老艺人，当年由张伯驹养着的。张伯驹回了天津，便由孙家鼐的后人供着。

琴师调好了弦，陆小曼哼着梅兰芳的《天女散花》，那嗓子，细得如一根棉纱线，风一吹就断了似的。倒是父亲，一段老生，唱得荡气回肠，到底是淮军的后人。

张爱玲喜欢家里宴客——没人顾得上看管她了。

她捡起一本张恨水的《金粉世家》，在一张红木睡榻上正看得仔细，何干慌慌张张地进来，道："大小姐，你姑姑来了，给你说情的。"

张爱玲赶紧坐起来，何干挡住她，不许她出去。张爱玲隔着门缝，只见姑姑一双白蛇皮半高跟扣带鞋，鹅黄色裙子的下摆，一排水晶珠子，在膝盖间轻盈地晃动着，衬托出她完美的小腿。母亲说的："你姑姑就是一双腿好。"柔若无骨，似没有膝盖。

何干拖过一张椅子，坐下，虎起一张脸看守着她，防范她跑出去。脸对脸坐得这样近，张爱玲不禁有点反感。自从她挨了打，抱着何干哭，何干的身子里透着冷酷。何干不过是保姆，尽责，是为了效忠老爷，免得失业。

没有一会儿，突然听见叫骂声，继母惯有的嘲讽：

"离婚了，还想来管这里事，后悔也是迟了。"

杯盏碎裂的声音，一支烟枪从楼梯上一路滑下来，接着是姑姑，声带紧得变了形，噔噔噔下楼梯，只听得说："再也不登这个门了——"

"谁也没请你来呀！"继母冷冷地补了一句，声口拖得很长。

张爱玲暗忖：趁此冲出去，跟姑姑一块走。

何干更紧张起来。

张爱玲坐着没动，自己估量打不过她，而且也过不了门警那一关。

彼此僵持着。

不几天，张爱玲得了痢疾。何干去向继母讨药，给了一盒万金油。

高烧，她梦见父亲带她去兜风，夏夜的凉风，街灯越来越稀少，两边都是田野，不禁想起上海滩著名的凶杀案。阎瑞生带着妓女王莲英到郊外兜风，为了首饰勒死了她。

电解质紊乱，张爱玲奄奄一息，父亲趁继母不在的时候，下楼给她注射维生素。

等到她恢复，已近春节了。

家里的人，早就把她当成废人了，譬如后宫女子。

她开始筹划逃跑的计划，天天用望远镜观察大门口巡警的时间表。

冬天，只有吸烟的起居间生火炉。

下楼吃午饭，继母带了个花绸套热水袋。

父亲先吃完了，照例承袭祖上李鸿章的习惯，绕室兜圈子，走过继母背后，把热水袋搁在她的颈项背后，笑道："烫死你！烫死你！"

"别闹。"她偏着头笑着躲开。

张爱玲去盥洗室，路过起居间，父亲和继母在看报，弟弟张子静斜倚在烟榻上，偎在继母身后。他还没长高，小猫一样，脸上有一种心安理得的神气，仿佛终于找到了一个安身立命的角落。

她震了一震，心里想，几时孟光接了梁鸿案。

烟铺上的三个人构成一幅家庭行乐图，她是局外人。

一个结冰的早上，她终于逃出了大宅子，跳上一辆三轮车，投奔母亲和姑姑。

她用十八岁的脚步，撕破了贵族血亲的网；在她之前，

1924年，母亲黄逸梵，李鸿章麾下黄军门的千金，用三寸金莲，已踩出了一条女性独立的欧洲路线。

2000年，我终于找到了这栋老宅。

老宅地下室还在。门开着，点了灯，湿漉漉的，如当年囚禁法国王后玛丽·安托瓦内特的囚室。犹豫了一下，终于还是没有进去。

老宅已经被改成学校。暑假，只剩一名门卫。

央告了许久，终于开了门，并关照，只给十分钟。

我调动全部神经，如快进的影片，凭借着张爱玲弟弟张子静的文字提示，成功完成全方位扫描。

大门在身后哐唧唧关闭了。

我站在那里，站在7月的太阳底下，感到一阵透彻的寒凉。

几天前的黄昏，在巴黎，七转八转，终于在巴士底狱广场附近看到了雨果的故居。一路小跑过去，离着几十米的样子，就见有人出来关上了大门，二楼落地窗，粉红色的窗帘，也被一双手轻柔地放下来。灯熄灭了。

那是一种失恋的感觉。无法移动，无法呼吸。缺氧和悲伤。

久久凝望着那栋建筑,直到余晖消失殆尽。

外廊下,一位德国来的诗人,眼睛里盛满忧伤。

与我一样,他也晚了一步。

我们挽在一起流泪。为了共同的、彼此的失去。

我忽然意识到,我再也牵不到张爱玲的手了。

再也不能了。

回首,砖的红色,版画的轮廓。

张爱玲出生的老宅,像一个放大的、蓄满哀和伤的遗骨盒。

回来,与朋友说起张爱玲这个旧的家,不知为什么,居然流了泪。

何去何从

几天后,弟弟夹了一双篮球鞋也来到母亲的公寓。

母亲把弟弟拉到厨房,很认真地解释:

"我的钱,供你姐姐生活读书已经很紧张,按照法院判决,你父亲应该要负担你的。现在家里只有你一个了,你又是男孩子,遗产终归是你的。你回去吧!"

弟弟转身离去。

张爱玲看着弟弟走,那样一条细细的脊梁,不觉眼中盈盈一把泪。

当晚,贴身保姆何干也来了。

一张翠绿掐金丝锦缎被面子,打成一个包袱,里面是张爱玲的睡衣、幼时的几样玩具。

何干道:"小姐的东西,那边的太太都送给下人了。"

母亲赏了何干5块钱。

何干合掌道谢,高声念:"阿弥陀佛!阿弥陀佛!"声情并茂。

何干走了。

姑姑道："她老缩了。"

何干是辛亥年从南京跟过来的，几十年，忠心耿耿。张爱玲离家出走，她也失业了。

张爱玲把洋娃娃放在膝盖上，捋了捋洋娃娃的满头金发。那还是住在天津时，母亲从伦敦寄来的。难为何干，还记得拿来。是她害何干失业的。

转眼，除夕。

母亲的男友先行去了新加坡。

母亲没去，自然是要安顿张爱玲。

舅舅家住在对面的楼里，差遣了下人请大家过去吃年夜饭。

这厢，三个女人，急急忙忙更衣打扮。

张爱玲的那件袍子，是继母的旧衣裳，赭红色，牛血汤一样惨败。母亲在镜子里瞥了一眼，放下象牙柄的梳子，打开箱子，挑出一件貂皮大衣道："这件大衣，巴黎的货色，应该不过时。等过几日，给你添置新衣服。那边送来的衣服旧了，就当居家服吧。女孩子，体面顶是要紧的。"

张爱玲接过大衣，试了一下，镜子里，竟是有了几分母亲的优雅，一阵狂喜，但故意不动声色。

终于结束了穿继母旧衣服的时代。

临近正月，天短，才五点钟的样子，暮色已盖住了树梢上的落日。

裹着皮草，跟在穿高跟鞋的母亲和姑姑的后面。

天井里，一株蜡梅，斜刺刺地横插过来，如同颜真卿的一撇。案几上，几轴列祖遗像，十二两的白蜡烛，印尼沉香，锦茵绣屏，焕然一新。

表姐妹们都是簇新的行头，或喇叭袖，或水钻，或法国蕾丝。

1938年的除夕，日本人攻陷南京。南京城遭受着惨烈的杀戮。

上海，三百三十多万人口，亚洲第一大都会。

左翼的鲁迅、茅盾、瞿秋白、丁玲、胡也频、蒋光慈、柔石、郭沫若，乡土派的沈从文、萧红、萧军，新感觉派的刘呐鸥、穆时英、施蛰存，鸳蝴派的周瘦鹃、张恨水，新月派的徐志摩、邵洵美、林徽因、陆小曼，无政府主义的巴金，郁达夫、王映霞、庐隐、张资平、叶灵凤，以及本来就定居在上海的或左或右，或日本风或法国风或江南传统风的作家，上海一揽子尽收眼底。

国家前途未卜，文坛大放异彩。

京派海派第三种人论证激昂,种种啼笑因缘,此起彼伏,有血有泪,作为舞台的上海,连台好戏纷纷上场。

"海派祭酒"张爱玲还在青春叛逆期。

日后,张爱玲的张派,正是海派的血脉。此为后话。

淞沪会战后,日本人武力占领了上海除租界以外的全部地区。大量难民拥向租界。

外侨们不愿意相信,上海的自由、繁华、摩登即将结束。

李鸿章家族的地产均在租界,暂时安全。

失败的名媛计划

舅舅家和继母家一样,在吃上极尽铺张讲究。

圆桌面上,白瓷定窑餐具,八只冷盆已经摆开,众人寒暄致贺入座,每人面前温着一盏绍兴酒。

未几,热菜一盘一盘端上来,有鸽子蛋烩熊掌,康熙御膳豆腐,酒酿鲥鱼;待蟹黄螯肉烧端上来时,张爱玲不由得想起《红楼梦》中林黛玉吃蟹,才吃了一点蟹腿肉就胃痛起来,宝玉忙不迭伺候温酒。一边想着,不觉就多吃了几筷子。

热菜上完了,又端来一个炭烧火锅,除了惯例讨口彩的八宝什锦外,还配了韭菜饺子、松仁卷,这是他们黄家独有的吃法。

上海即将沦陷,或者说,沦陷已经开始。桌上的人们不遗余力地享受着,奢侈着,放纵着,因为害怕没有明天——他们已经亡过一次国了。

外面,性急的孩子们已经开始放起鞭炮。

舅妈把张爱玲叫到二楼，挑了几段衣料给她。

回家的路上，母亲道："我只能给你一笔钱，你要么用这笔钱做嫁妆，嫁个好人家，要么出国念书。你要自己选。"

张爱玲道："我要出去念书，像你和姑姑。"

母亲道："从前你学钢琴，学绘画，都半途而废了。这次可不行。"

为了确保张爱玲出国留学，母亲另外给张爱玲请了一位外教辅导数学。学费很贵，且只收美金。又是母亲从自己的钱包里拿出来的。她怕问母亲拿车钱，宁可走半个城，从越界筑路走到跑马厅附近的西青会补英文课。

有天下午，母亲在浴室梳头发，忽道："我在想着啊，你在英国要是遇见个什么人……"

张爱玲笑道："我不会的。"

"人家都劝我，女孩子念书还不就是这么回事？……但是结了婚也还是要有自立的本领，宁可备而不用。"

张爱玲知道，都这样了，母亲还是真心希望她重归父亲的家。放弃巨额的遗产，可惜了，也便宜了继母。

张爱玲空降母亲和姑姑的空间，姑且与母亲一床睡。幸而床大，弹簧褥子柔软，像个大粉扑子，早上她从床里爬出来，挪一步，床一抖，无论怎样小心，还是把母亲吵醒。

张爱玲的出现，给母亲的经济和私人生活带来了诸多不便。而张爱玲坚硬的个性，亦伤害着母亲对张爱玲的温情。张爱玲受母亲的好，却和母亲隔膜着。

母亲怀疑，自己对女儿的牺牲是否值得。

这一年，1938年，赛珍珠中国题材的《大地三部曲》荣获诺贝尔文学奖。诺贝尔颁奖委员会对她的评语是："对中国农民生活进行了丰富与真实的史诗般描述，且在传记方面有杰出作品。"

这条信息刺激了张爱玲的神经。

她常常一个人，在公寓的屋顶阳台上转来转去，怀疑着自己，怀疑着母亲，在自夸和自卑里受着煎熬。

张爱玲考上了伦敦大学，护照也办好了，还是不能走。

因为第二次世界大战。

至暗时刻。

敦刻尔克大撤退。

姑姑、母亲、张爱玲，三个女人，一早，抢着看报纸。

"再等等看吧，都说就要打起来了。"母亲说。

张爱玲不响，不提，不过心里着急。

周末，姑姑在家里没事，忽然笑道："想吃包子。自己来包。"

张爱玲道:"没有馅子。"

"有芝麻酱。"她一面和面,一面轻声笑道,"我也没做过。"

蒸笼冒水蒸气,模糊了镜片,她摘下来揩拭,张爱玲见她眼皮上有一道曲折的白痕,问是什么。

"是你父亲打的。那时候我已经跟他为了宋版书打官司,他居然背叛我。我不理他了。你给关起来了,你母亲求我,我只好去一趟。你父亲一看见我就跳起来抢着烟枪打。到医院去缝了三针。倒也没人注意。"

张爱玲寂然。都是她惹的祸。

她的存在,就是祸害她身边的人。

芝麻酱包子蒸出来,没有发酵,皮子有点像皮革。姑姑说还不错,张爱玲也说这馅子好,一面吃着,忽然流下泪来。姑姑也没看见。

她占了母亲的床,也占用了母亲的养老钱。

她洗碗打碎了一只茶壶,幸而是纯白的,自己去配了一只,英国货,花了三块钱。这个女子公寓奉行分账,谁也不占谁的便宜。当然,张爱玲的这份是母亲出的。她必须用做家务来抵扣。

她是带着罗曼蒂克爱着母亲的。

这日,母亲节。

路过一家花店，橱窗里一丛芍药，有一朵开得娇媚，椭圆形的花，深粉红瓣，金黄花蕊。

走进去笑问："我只要一朵。多少钱？"

"七角钱。"

那时，七角钱，可以买十份早餐。

店里的伙计，一个瘦小的俄国人，苍白的脸，俄罗斯白布长衫，特别殷勤地抽出张爱玲指定的这一朵，小心翼翼地用绿色蜡纸包裹起来，再覆上一层白色镂空纱纸，如婴儿的襁褓，只露出一张花骨朵的脸。

回家，她递给母亲。

母亲拆去白绿纸卷，露出花蒂，原来这朵花太沉重，蒂子断了，用铁丝支撑着。

张爱玲哎呀了一声，耳朵里轰然一声巨响，魂飞魄散，知道又要听两车抱怨的话了。

"不要紧，插在水里还可以开好些天。"

母亲的声音意外地柔和。她亲自去拿一只水晶杯子插花，搁在床头桌上。花居然开了两个星期才谢。

公寓小，母亲要请客，连一张正式的餐桌都没有，用一套玻璃桌子拼成不等边形。

黄晕晕的灯光下，母亲穿一件黑丝绒洋服，碧蓝镂花土耳其玉腰带扣,宛如异域的公主。三寸金莲,穿高跟鞋,脚尖充填棉花。伏天,母亲躺在床上也还要穿丝袜——遮掩那双变形的小脚。

头菜已经上了桌,照西式仪式,盛在一只玻璃大盖碗里。发现缺一把椅子,张爱玲赶紧到别的房间去找,唯一有用的是一把小沙发椅,她踌躇了一下,把沙发推出去,差点带倒了落地灯。

母亲定做的一套仿毕加索抽象画小地毯,是必经之道,地毯一皱就会连带到周边的物件,好容易拱到过道里,她已是筋疲力尽。母亲惊异得不能相信:

"你这是干什么?猪。"

又补句:"反正你活着就是害人,像你这样只能让你自生自灭!"

她只好装没听见,仍旧略带着点微笑,再把沙发椅往回推。

至此,她与母亲有了芥蒂。

母亲常说:"年轻的女孩子用不着打扮,头发不用烫,梳的时候总往里卷,不那么笔直就行了。"

"相貌是天生的,没办法,姿势动作,那全在自己。"

张爱玲知道自己不是母亲心目中淑女的样子。

张爱玲自卑,她没有父亲的清秀,没有母亲的曼妙,没有祖母的标致，不像弟弟，总被人夸长得好看；她不合时宜地承袭了爷爷的基因。

她连划火柴都不敢，在学校做化学实验，不会点酒精灯，美国女教师走来辅导，一脸鄙夷的神色。

十八岁了，连过马路都不会。母亲一咬牙，抓住她。母亲的手指像一把竹筷子横七竖八夹在她的手上。一过马路，母亲立即松了手。

这是母亲回国后唯一的一次和她的身体接触。

她始终记得母亲说的那句话："你不喜欢的人跟你亲热最恶心。"

她不会削苹果，不会洗手帕，不会化妆，不会社交。怕上理发店，怕见客，怕给裁缝试衣裳。在一间屋子里住了两年，电铃在哪儿，还茫然。天天乘黄包车上医院去打针，接连三个月，仍然不认识那条路。

总而言之，在现实的社会里，她等于一个废物。

母亲留在上海，帮助她适应世俗环境。教她煮饭；用肥皂粉洗衣；练习行路的姿势；看人的眼色；点灯后记得拉上窗帘；照镜子研究面部神态；如果没有幽默天才，千万别说笑话。

——她惊人地愚笨。两年的名媛计划是一个失败的试验。

她拖累母亲，还吊牢了母亲，害母亲没有自由。但是她并不感激。

"弑母"?

唯一能给予她自尊的,是文学天分。

姑姑私下里说,像祖父,就文章写得好。

第二章

出名要趁早

伦敦战事。

母亲替张爱玲选了香港大学。

1941年,太平洋战争爆发,香港沦陷。

张爱玲终结了港大的学业,与梅兰芳同船回到上海,再次与母亲、姑姑住在一起——三个因为各种原因独身着的豪门闺秀。

姑姑在电台找了个事,做新闻报告员,每天晚上拿着一盏小油灯,在灯火管制的街道上走去上工,玫瑰红的灯罩上累累的都是颗粒,免得玻璃滑,失手打碎。沦陷后马路失修,有许多坑穴水潭子,黑暗中一脚踹进去,灯还是砸了。摸黑回来,摇摇头只说一声"呵!"。旗袍上罩一件藏青哔叽大棉袍代替大衣,是她的夜行衣,防身服。她学骑车,屡次跌破了膝盖也没学会。以前学开车,也开得不好,波兰籍汽车夫总坐在旁边,等着跟她换座位。"我不中用。你母亲裹脚还会滑雪,我就害怕，怕跌断腿。"

二十年间，走红的鸳蝴派周瘦鹃出来办杂志《紫罗兰》，很是风行。

张爱玲拿出《沉香屑第一炉香》、《沉香屑第二炉香》去投稿。

姑姑悄悄笑道："你母亲那时候想逃婚，写信给周瘦鹃。"

"后来怎么样？"张爱玲忍不住问，"见了面没有？"

"没见面。不知道有没有回信，不记得了。"

姑姑顿了一顿，又道："周瘦鹃倒是很清秀的，我看见过照片。后来结了婚，把他太太也捧得不得了，作诗秀恩爱。我们都笑死了。"

周瘦鹃来信说稿子采用了，姑姑便笑道："几时请他来吃茶。"

张爱玲觉得不必了，但是姑姑似乎对周瘦鹃有点好奇，她不便反对，写了张便条去，他随即打电话约定时间来吃茶点。

周瘦鹃还像当年，瘦长，穿长袍，清瘦的脸，戴着个薄黑壳子假发，苏州人，一口吴侬软语。

他当然意会到请客是要他捧场。他是老式文人做派，面对两位衣衫华丽的贵族后裔女子，略显拘谨。怕唐突，并不多话，便问些家常。

张爱玲道，母亲不在上海，便用下颔略指了指墙上挂的一张大照片，笑道："这是我母亲。"

椭圆雕花金边镜框里，黄逸梵头发已经烫了，但还是民初流行的前刘海儿，蓬蓬松松直罩到眉毛上。周瘦鹃注视了一下，显然印象很深。

地方也太逼仄，一张小圆桌上挤满了茶具，三人几乎促膝围坐，无话的时候，空气凝滞。

姑姑却毫不介意，热切地沏茶，递点心盘子。她是，放下了身段，真真把自己待成小市民，能屈能伸，看得开。

周瘦鹃离去后，姑侄二人有了新话题。

姑姑提起，她曾经欠张爱玲母亲的钱。后来自然是还了的。

姑姑的话，烙在张爱玲心里。她觉得她欠母亲的，也是要还的。

姑姑有了职业，张爱玲开始赚稿费，两个德国房客搬走了，多出一间房来。葱油饼也不吃了，老秦妈也退休了。姑姑其实会做菜，还在外国进过烹饪学校，不过深恐套进，"一回是情，二回是例"。但是现在也肯做两样简单的菜了，比如香煎鹅肝、罗宋汤。张爱玲只会煮饭，负责买菜。

这天晚上，月下去买蟹壳黄，穿着件紧窄的紫花布短旗袍，直柳柳的身子，半鬈的长发，有点老气。烧饼摊上的山东人不免多看了她两眼，摸不清是什么路数。

归途明月当头,她不禁一阵空虚。二十二岁了,写爱情故事,但是从来没恋爱过,给人知道不好。

她用从香港带回来的花红柳绿土布,做了旗袍,然后,一步三摇,去各家出版社投稿,像把一幅年画穿在身上。

她成为公寓女作家。

她出名了。

一道强光投射在文坛,令文坛一时束手无策,不知如何安放这位不属于任何流派的女作家。

于是,归不了档。

谋得盛名,记者来拍照。

她别出心裁,选在浴室。

浴室是女人的另一处闺房。

张爱玲的浴室,罗马风,洗脸盆前,鹅蛋形梳妆镜;四只脚的铸铁浴盆,冷热水龙头,缩小了的罗马柱。

她一袭织锦晨衣,在屋子和浴室之间走来走去,摆动出一点仕女画风。

她们三人,都喜欢住在顶楼,最高处,君临天下,目空一切!

在巴黎,阳台是女人的专属。

在上海,阳台是张爱玲的戏台。

她在阳台上看显赫的哈同花园,看用人提了篮子买菜,看封锁,看电车进场。她把电车轨道比喻成两条光莹莹的、从水里钻出来的曲蟮,抽长了,又缩短了。

张爱玲与窗外的城池,即是这样地相望相识,仿若唤一声都会来到房里似的。

野眼望够了,张爱玲回转身来,和姑姑说闲话。

闲话里,姑姑常会说出经典的句子。比如一次她这样说:"我简直一天到晚发出冲淡之气来。"

听见卖臭豆腐的小贩在隔壁弄堂叫卖,张爱玲急急地提上鞋子,乘了咯吱咯吱的电梯下来,去买油炸臭豆腐。臭豆腐用稻草绳穿着,蘸了艳丽的辣酱才好吃。辣酱越多越好,因为免费提供。

此细节,张爱玲用在了她的小说《十八春》和《封锁》里。

张爱玲在《我看苏青》里写道:

"她走了之后,我一个人在黄昏的阳台上,骤然看见远处的一个高楼,边缘上附着一大块胭脂红,还当是玻璃窗上落日的反光。再一看,却是元宵的月亮,红红地升起来了。我想道:'这是乱世。'晚烟里,上海的边疆微微起伏,虽没有山也像是有层峦叠嶂。我想起许多的命运,连我在内的,有一种郁郁苍苍的身世之感。'身世之感'普通总是自伤、自怜的意思吧,但我想是可以有更广大的解释的。将来的平安，来到的时候已经不是我们的了，我们只能各人就近求得自己的平安。"（原载1945年4月上海《天地》第19期）

荣誉是春药。

张爱玲高举着"出名要趁早"的大旗，跳出了五四新文化运动，直接用《红楼梦》链接欧美文学，标新立异，自成一派，一路呼啸，横扫各路名家。

多年后，她的文学，被贴上"海派文学"的标签，她成为祖师奶奶。

低到尘埃

故事是这样开始的。

一日,胡兰成在南京无事,书报杂志亦不大看。这一天却有个冯和仪寄了《天地》月刊来,胡兰成觉和仪的名字好,就在院子里草地上搬过一把藤椅,躺着看书。

先看发刊辞,原来冯和仪又叫苏青,女子下笔这样大方利落,倒是难为她。翻到一篇《封锁》,笔者张爱玲,胡兰成才看得一二节,不觉身体坐直起来,细细地把它读完一遍又读一遍。直觉得甚好,甚妙。

胡兰成去信问苏青,张爱玲是何人?

苏青回信只答是女子。

及《天地》第二期寄到,又有张爱玲的一篇文章,这就是真的了。这期登有她的照片。

胡兰成又向苏青问起张爱玲,她说张爱玲不见人。问她要张爱玲的地址,她亦迟疑了一回才写给胡兰成:静安寺路赫德路口（常德路）一九五号公寓六楼六五室。

翌日去看张爱玲，果然不见，只得从门洞里递进去一张字条。

隔得一日，午饭后，张爱玲却来了电话，说来拜访。

胡兰成的家，一栋英式风格的独立别墅，也在租界。李鸿章四弟别墅的近旁。

初见张爱玲真人，胡兰成只觉与自己先前所想的全然不对。坐在那里，幼稚可怜相，待说她是个女学生，又连女学生的成熟亦没有。身体与衣裳彼此叛逆。脸上的那种正经样子，是小女孩放学回家，路上一人独行，独自想着心事，遇见同学叫她，她亦不理的。总之，张爱玲的那种样子，胡兰成的客厅变得不合时宜了。

胡兰成对张爱玲的拜访，做足了功课。从她的家族历史，到她的个人简历，如数家珍，倒背如流。

他们坐在二楼，窗外，一大片街区，都是李鸿章儿子李经迈的地产。

在南京，他特地去寻访了张爱玲祖父母的老宅，还在园子里折了一支茶花。

他还说了他庶母的故事。

庶母是小康之家的女孩子，生得美，许多人来做媒，都没有说成。那时,她不过十五六岁吧,是春天的晚上,她立在门后,手扶着桃树。她记得她穿着一件月白色的衫子,对门住的年轻人,同她见过面,可是从来没有打过招呼的。他走了过来,离得不远,站定了,轻轻说了一声:"噢,你也在这里吗?"她没有说什么,他也没有再说什么,站了一会儿,就这样各自走开了。后来这女人被亲眷拐了,卖到他乡外县去做妾,又几次三番被转卖,经过无数的惊险的风波,老了的时候她还记得从前的那一回事,常常说起,在那春天的晚上,在后门口,桃树下,年轻人。

客厅里,张爱玲只管听胡兰成说,倏忽五个小时。

暮色,落在天井的玉兰树叶上;打蜡地板,浮泛着焦糖的光泽,仿佛回到从前,父亲的书房里。

父亲和胡兰成,两个影像叠合在一起。

胡兰成送她到弄堂口,两人并肩,胡兰成道:"你的身材这样高,这怎么可以?"只这一声就把两人说得很近。

出得胡兰成家,张爱玲陷落下去,变得很低很低,低到尘埃里,无药可救,但是满心欢喜。

不久,她写了一篇散文《爱》:

"于千万人之中遇到你所要遇到的人,于千万年之中,时间的无涯的荒野中,没有早一步,也没有晚一步,刚巧赶上了,那也没有别的话好说,唯有轻轻地问一声:'噢,你也在这里吗?'"

胡兰成一时沾沾自喜。

他在信里说:"你死了,我的故事就结束了,而我死了,你的故事还长得很。"

他天天来。

每次都问"打搅了你写东西吧?",她总是摇头笑笑。

她永远看见他的半侧面,背着光,坐在斜对面的沙发椅上,瘦削的面颊,眼窝里略有憔悴的阴影,弓形的嘴唇,有棱有角。沉默了下来的时候,他用手去捻沙发椅扶手上的一根毛呢线头,带着一丝微笑,目光下视,像捧着满杯的水,小心不泼出来。

他约她去拜访诗人邵洵美。邵洵美的祖父是上海道台,外祖父是中国近代商业巨子盛宣怀。

他们坐三轮车去邵洵美家。

邵洵美家在法租界的霞飞路,宋庆龄宅子的对面。

清冷的冬夜,乌木壁板的大客厅里有许多人,是个没酒喝的鸡尾酒会。张爱玲戴着鹅黄边眼镜,鲜荔枝半透明的清水脸,搽着桃红唇膏,半鬈的头发,蛛丝一样细密无力地堆在肩上,一件喇叭袖孔雀蓝绸棉袍,见了人也还是有点局促,有点萎缩。

"其实我还是你的表叔。"邵洵美告诉她。

他们本来亲戚特别多,又是贵族联姻。

母亲、姑姑在国外总是说:"不要朝那边看!那边那人有点像我们的亲戚。"

邵洵美留洋回来,依旧穿长袍,抽大烟,是个美男子,希腊风的侧影。他早已不写东西了,非常时期,韬光养晦,学梅兰芳。他的著名的美国情人项美丽,此时已经暂居香港,与英国情报官同居了。

有了张爱玲,胡兰成兴兴轰轰,更愿意见人了。

她满足了他的虚荣心。

又一日,领着张爱玲去徐悲鸿家。

在法国,徐悲鸿与张爱玲母亲同期学习美术。也算是同学了。

蒋碧薇与徐悲鸿闹情绪,常躲到张爱玲母亲黄逸梵的公寓里。

隔了一天,他在外面用了晚饭来。她泡了碧螺春搁在他面前,闻得见酒气。

他坐到她旁边来。吻她,一阵强有力的痉挛在他胳膊上流下去,一直传递到张爱玲的肌肤,一阵悸动,可以感觉到他袖子里手臂的力道。

张爱玲想:"这个人是真爱我的。"

舌尖立刻伸到她嘴唇里，搅动着。搅乱了她的方寸。二十三岁，第一次，初吻，一时凌乱起来。

"我们永远在一起好不好？"

灯下，她努力把持住自己，微笑望着他："你喝醉了。"

"我醉了也只有觉得好的东西更好，憎恶的更憎恶。"他拿着她的手翻过来看掌心的纹路，再看另一只手，笑道，"这样无聊，看起手相来了。"

又道："我们永远在一起好吗？"

"你太太呢？"

爱原来也是有顾忌的。

他略顿一顿："我可以离婚。"

"那该要多少钱？"

她也世故，要不，写不出《倾城之恋》里的白流苏。

"我现在不想结婚。过几年我会去找你。"张爱玲不便说等战后，他逃亡到边远的小城的时候，她会千山万水地找了去，在昏黄的油灯影里重逢。

他没作声。

临走的时候他把她拦在门边，一只手臂撑在门上，久久望着她。他正面横宽，有女人气，是个市井的泼辣的女人。她不去看他，水远山遥的微笑望到几千里外。

那么许多时间的单独相对,实在需要有个交代。

他又来,送了她几本日本版画,坐在她旁边一起看画册,看完了又拉着她的手看。

她忽然注意到袖子里的手腕十分瘦削。见他也在看,不禁自卫道:"其实我平常不是这么瘦。"

他吻她。

丝绸袖子软弱地溜上他肩膀,围在他颈项上。这次她没有拒绝。

"你仿佛很有经验。"

张爱玲笑道:"电影上看来的。"

他揽着她坐在他膝盖上,脸贴着脸。

寂静中,听见别处无线电里的流行歌。在这时候听见那些郎呀妹的曲调,两人都笑了起来。黎锦晖的作品。

"哎,这流行歌也很好。"他也在听。

永生大概就是这样。

他算鲁迅与许广平年龄的差别:"他们相差十六岁,只在一起九年。好像太少了点。"

又道:"不过许广平是他的学生,鲁迅对她也还是当作一个值得爱护的青年。"他永远在分析他们的关系。又讲起汪精卫与陈璧君,他们还是国民党同志的时候,陈璧君有天晚上有事找他,在他房子外面淋着雨站了一夜,第二天早上才开门请她进去。

陈璧君的照片她看见过,矮胖,戴眼镜,很丑。汪精卫是美男子。

"我们这是对半,无所谓追求。"见她笑着没说什么,又道,"大概我走了六步,你走了四步。"

讨价还价似的。

她没说什么,心里却十分高兴。她也恨不得要人知道。

有一天,又是这样坐在他身上,女孩子坐在父亲大腿上撒娇的样子,忽然有什么东西在座下鞭打她。看过的两本淫书上也没有,而且一时也联系不起来。欲跳起来,佯装不懂,但是来不及用这一招,已经不打了。她没马上从他膝盖上溜下来,怕太尴尬。

她读了十几年教会学校,固守淑女准则:婚前禁忌。

胡兰成自然也懂。

"我不喜欢恋爱,我喜欢结婚。我要跟你确定。"他把脸埋在她肩上说。

她不懂,不离婚怎么结婚?她不想跟他提离婚的事,她说不出口。他不是徐志摩,她也不是陆小曼。

英娣是秦淮河的歌女。嫁他的时候才十五岁。是他的姨太太。

在某一个场合，三人同框，张爱玲面前，英娣当众打了胡兰成一个巴掌。

张爱玲错愕！

偏那日，张爱玲穿着枣红大围巾缝成的长背心，下摆垂着原有的绒线穗子，罩在孔雀蓝棉袍上，触目异常。给他丢了脸。

本来他们早该结束了。但是当然也不能给他的姨太太一闹就散场，太可笑。张爱玲对她完全坦然，没什么对不起她。并没有拿了她什么。

初夏，再来上海的时候，他拎着个箱子到她这里来，是从车站直接来的。他告诉她，他要到武汉去办报，然后笑着把那只廉价的中号布纹手提箱拖了过来，放平了打开箱盖，一箱子钞票。连换几个币制，加上通货膨胀，她对币值完全没数，但是也知道尽管通货膨胀，这是一大笔钱。

张爱玲这才觉得有了借口，不用感到窘了，也可以留他吃饭了。

她和姑姑吃得一向简单。左不过煎猪排配蘑菇汤，或者猪油菜饭配一个罐头。

为了避开姑姑，他道："到阳台上去好不好？"

阳台，一向是张爱玲灵魂呼吸的地方。

灯火管制的城市没什么夜景，黑暗的阳台上就是头上一片天，空洞的紫黝黝微带铁锈气的天上，高悬着大半个白月亮，裹着一团清光。

"明明如月，何时可掇？"他作势一把捉住她，两人都笑了。

他吻她，她像蜡烛上的火苗，一阵风吹着往后一飘，倒折过去。但是那热风也是火，热辣辣地贴上来。

浴佛节庙会，附近几条街都摆满了摊子，连高楼上都听得见嗡嗡的人声，更有一种初夏的气息。

张爱玲下去买了两张平金绣花鞋面。

依偎着，她忽道："我好像只喜欢你某一个角度。"

胡兰成脸色动了一动。

别过头来吻她一下，像小兽在溪边顾盼着，时而低下头去啜水。

他笑道："没有人像这样一天到晚在一起的。"

又道："相看两不厌，只有敬亭山。"

"能这样抱着睡一晚上就好了，光是抱着。"他道。

他对她，用足了耐心。

他们并排躺在沙发上，他在黄昏中久久望着她的眼睛。"忽然觉得你很像《聊斋》里的狐女。"

他真相信有狐狸精！

张爱玲觉得整个的中原隔在他们之间，远得使她心悸。

一纸婚书

他又回南京。应英娣在南京以夫人身份伺候他。

她知道,没有极大的一笔赡养费,他绝不肯让英娣走的。

她不妒忌过去的人,或是将要成为过去的人。

在同一封信里她说:"我还是担心我们将来怎么办。"

他回信:"……至于我们的婚姻,的确是麻烦。但是不愉快的事都让我来承担好了。昨天夜里她起来到餐室里开了橱倒酒喝。我去抢了下来,她忽然怪笑起来,又说:'我的父亲哪!'"

张爱玲看了很惊悚,从来没去问那句话的意义。想必总是从十五岁起,他在英娣心目中代替了她的亡父,所以现在要向父亲诉说。

"现在都知道张爱玲是胡兰成的人了。我带了笔钱来给英娣,把她的事情解决了。"他信上说。

张爱玲除了那次信上说了声"担心我们将来怎么办",从来没提过他离婚的事。现在他既然提起来，便微笑低声道：

"还有你第二个太太。"说完，即刻觉得自己很卑微。

第二任太太全慧文，是他在内地教书的时候娶的，他的孩子，除了最大的一个儿子是亡妻生的，底下几个都是她的。后来得了神经病，与孩子们住在上海一栋洋房里，由侄女青云管家。

法律上她是他正式的太太。

与英娣结婚时没跟她离婚。英娣等同于姨太太。

终于，他带了两份报纸来，两份报上都是并排登着《胡兰成应英娣协议离婚启事》《胡兰成全慧文协议离婚启事》。他把报纸向一只镜面乌漆树根矮几上一丢，在沙发椅上坐下来，虽然带笑，脸色很凄楚。

她知道是为了英娣。

"另外替英娣买了辆卡车。她做卡车生意。"他说。

一度沉默后，张爱玲忽然笑道："我真高兴。"

胡兰成道："我早就知道你忍不住要说了！"

难得姑姑起早，特地花了工夫，做了英式早餐。

燕麦，蘑菇香肠炒鸡蛋，黑咖啡。

姑姑坐在餐桌前，笑道："大报小报一齐报道。——我就最气说跟我住住就不想结婚了。"

原来亲戚间已经在议论,认为张爱玲跟姑姑住着传染上了独身主义。

"那么什么时候结婚?"姑姑问。

"他也提起过,不过现在时局这样,还是不要,对于我好些。"

那天,胡兰成来得很早,下午两点钟就说:"睡一会儿好不好?"

起床像看了早场电影出来,满街大太阳,剩下的大半天不知道怎样打发,使人怅然若失。

胡兰成问她有没有笔砚,道:"去买张婚书来好不好?"

她不喜欢这些秘密举行结婚仪式的事,觉得是自骗自。但是她独自去了。

乘电车到四马路。她喜欢那条街的气氛。绣货店里买了新娘的绒花,看见橱窗里有大红龙凤婚书,便拣最古色古香的买了一张,这张最大。

回来,胡兰成见状道:"怎么只有一张?"

张爱玲怔了怔道:"我不知道婚书有两张。"

她根本没想到婚书需要"各执一份"。那店员也没说。她不敢想店员该作何想——当然认为是非正式结合，写给女方做凭据的。旧式生意人厚道，不去点穿她。

路远，也不能再去买，她已经累极了。

胡兰成一笑，只得磨墨提笔写道："胡兰成张爱玲签定终身，结为夫妇。岁月静好，现世安稳。"因道，"我因为你不喜欢琴，所以不能用'琴瑟静好'。"又笑道，"这里只好我的名字在你前面。"

两人签了字。只有一张，由她收了起来，太大，无处可搁，卷起来又没有丝带，只能压箱底，也从来没给人看过。

1944年8月，他们结婚。

节俭的仪式。在场一共四个人。张爱玲、胡兰成、炎樱、胡兰成的侄女胡青芸。

老式的仪式。红色的馒头上插了香。

有一天，张爱玲也如那个供奉在案几上的馒头，成为这段感情的祭品，成为一个在断头台旁编织命签的新娘。

张爱玲和胡兰成拜天地。

青芸觉得好笑，胡兰成用手指点她的额头，嗔道："乖一点。"

换了帖子后，说出去吃饭，青芸没有去，因为小，也因为要回家照顾胡兰成的妻小。

张爱玲的姑姑缺席。故意缺席。

张爱玲结婚，姑姑松了一口气，因为脱了干系。

女性通道

她生日。

他说:"到我家去好不好?"

近午夜了,两人悄悄地走了出来,手牵着手,无牵无挂,走在街心。下雨了,沥青马路像似倒了过来,人在蒙着星尘的青黑色天空上移动。

女佣来开门,显然非常意外。

先在客室坐了一会儿,女佣倒了茶来。

青芸出现了,含笑招呼。在昏暗的灯光下,仿佛大家都是久别重逢,有点仓皇。胡兰成走过一边与青芸说了几句话,她又出去了。

胡兰成笑道:"家里都没有我睡的地方了。"

隔了一会儿,他带她到三楼一间很杂乱的房间里,带上门又出去了。这里的灯光更微弱,她站着四面看了看,把大衣皮包搁在五斗橱上。房门忽然开了,一个高个子的女人探头进来看了看，又悄没声地掩上了门。张爱玲只瞥见一张苍黄的长方脸，仿佛长眉俊目，头发在额上正中有个波浪，猜着一定是他有神经病的第二任太太，想起《简·爱》的故事，不禁有点毛骨悚然。

"她很高，脸有点硬性。"他说。

在不同的时候说过一点关于她的事。

"是朋友介绍的。"结了婚回家去，"马上抱进房去。"

"有沉默的夫妻关系。"他说。

他参加"和平运动"后办报，赶写社论累得发抖，对着桌上的香烟都没力气去拿，很晚回家。她跟他吵，疑神疑鬼。

但是刚才，她完全不像有神经病。当然有时候是看不出来的。

胡兰成随即回来了。她也没提刚才他的妻子来过。

木栏杆的床，大约四尺半，灰白色珠罗纱帐，有灰尘的气味。床单似乎是新换的。

她有点害怕，到了这里像做了俘虏一样。他解衣上床也像有点不好意思。

但是不疼了，平常她总叫他不要关灯，"因为我要看见你的脸，不然不知道是什么人"。

他微红的脸俯向她，是苦海里长着的一朵赤金莲花。

他用他的唇封住了她。

她终于领略了男欢女爱。

在以男权归一的文本之中，女人理所当然地被视作可以被穿透的洞穴。洞穴与液体，欲望与伤害，压抑与罪过，子宫颈的图像意义，扩张伸缩的肉体意象，以及渴望、恐惧，等等，这些，日后，俱成为她文字受孕的精子。

二十三岁的张爱玲，遇见三十八岁的胡兰成。胡兰成来自社会底层，三教九流，辛苦挣扎，咸鱼翻身，又天资不俗，老辣圆滑里绽露几分儒雅，与张爱玲世界里贵族子弟的跋扈、无聊、厌世、困顿，总也长不大的精神尸孩全然的不同。胡兰成对女人命门的拿捏，使张爱玲欲罢不能。

《小团圆》里，写九莉跪下来，抱住邵之雍的双腿说："我崇拜你。"

一种阳性崇拜的意向。

沦陷的上海，有的革命，有的醉生梦死，充满了世纪末的荒凉和疯狂。许是没有了明天，便不肯放过今日。张爱玲与胡兰成，无可救药地爱上，像《倾城之恋》的一双男女，千百人的死，千百人的痛苦，只为了成全她和他。

逃出父亲旧的家，潜意识里，张爱玲一直在寻找父爱的替代品。

祖父母的婚姻是她幻觉里的模式：老夫少妻。

但情人或者丈夫永远不可能异化成女性的父亲。

散了，远了，枯萎了

时隔一年，日本无条件投降。

胡兰成改头换面，四处躲匿。

胡兰成悄悄回到上海，先住在虹口一位朋友家。

有人接了张爱玲去相会。

日本人的房子，榻榻米，纸糊的灯罩。

隔着和纸屏风，一日本女子雪白的面容，凌乱的发髻，一低头，匆匆离去。

张爱玲心里一凛，也来不及分辨，结婚只有八个月，似乎就要生离死别。

她从来不在人前哭的。

现在也是。

她不知所措。

胡兰成诸般交代，她听着，却是一句也没有入耳。

她手上一共攒了四两黄金，二两给了胡兰成。

胡兰成也没有作声，仿佛很应该。

有人来催。

必须走了。

张爱玲道：

"那时，你变姓名，可叫张牵，或叫张招，天涯海角，有我在牵你招你。"

时局变迁，兜兜转转，胡兰成在温州避劫。

二月里，突然相思异常。张爱玲动念去他那里。

临行前，她去了胡兰成的家。

她觉得一定要看见他家里的人，此外也没有亲人了。

侄女青芸含笑招呼，但是显然感到意外。

"我看他信上非常着急，没耐心，你这里有东西带给他吗？"

张爱玲说着流下泪来。

青芸默然片刻，方道："没耐心起来没耐心，耐心起来倒也非常耐心的呀。"

张爱玲不作声，心里想，也许得像她这样的女人才真了解她爱的人。

隔日，青芸把东西送过去，张爱玲还睡着，只吩咐把包裹搁在那里。

姑姑担心，张爱玲会同胡兰成一起流亡。

张爱玲不知，彼时，这个逃亡在外的男人，顺手又撩拨了一个女人，朋友家的寡妇，正红啼绿怨，不知有汉。

2004年。上海最冷的天，我说要去温州。

朋友劝："等天暖了陪你一起去不好？"

我执拗要去。

朋友说："你这个女人也是没药可救的。"

火车上一夜，睡也非睡。出了站台，清光光的广场，门户紧闭。这个城还没有醒来。

一辆出租车停在身旁。问去哪里。

说去窦妇桥。司机摇头。

那么松台山呢？

司机说，这个地方认得的。

车子到了松台山，其实就是一个小山丘。山前一座庙，名妙果寺，才修的，好像一个新娘子，穿了簇簇新的衣服，光鲜是有的，只是不得要领。

1946年2月的春节里，张爱玲来到这里。

白天里无事可做，也和胡兰成去走街。走到妙果寺，进去看罗汉。胡兰成逃难到此，性命尚不得着落，有闲暇却是没有闲情。而张爱玲如女生春游，只要他在便是诸般皆好，连旅馆楼梯转角摆放的菩萨亦觉得刻画得好。

　　过得妙果寺，见一女子在水边捶洗。便又问起窦妇桥。
　　女人把手从水里拎出来，指了西面说："那里便是。"
　　顺了她的手指去看，哪里有什么桥。
　　女人说："以前有的，水填了，桥拆了，剩一棵树在那里。"
　　沿石栏走，一面旧墙上几个篆体"籀园图书馆"。清清楚楚。
　　字有淡淡的晨光照着，一个乞丐蜷缩在墙根下，仿若得着了一些庇护。

　　在温州，胡兰成常到这里看南京、上海的报纸，了解国民政府对汉奸的裁决。张爱玲来，他亦在这里借了书拿去旅馆给她看。

　　欲得进去看个明白，却是找不到门。
　　从一边的实验小学绕过去，先就见到了朱自清的校训：英奇匡国，作圣启蒙。

原来这里就是温州中学的旧址。

胡兰成隐居于此,冒了张爱玲祖父家的人,化名张嘉仪,谋了教师的职务,从此衣食无忧。

图书馆是没有了,不晓得为什么拆掉。幸得还留了这样的一面旧墙,算是一个证人了。

紧挨着籀园图书馆,是准提寺。胡兰成的另一个女人护士小周因受胡兰成牵连,在武汉被抓。逢小周生日,胡兰成跪在准提寺的蒲团上替小周求神。

张爱玲曲曲折折来温州,亦是要胡兰成在她和小周之间做一个选择。胡兰成横是不答应,还怪罪张爱玲小气。

推开准提寺的门,里面已然一个大杂院,殿和佛早就是没有了的,盖了一圈平房,住了几户人家。问关于寺里的事情,皆一脸的懵懂。

信着脚儿走过去,就到了窦妇桥了。按照老地图,它的位置靠在温州的城墙边上。

正站在一级台阶上拍那棵老树,门里出来一女子,招呼晒太阳的男人回家吃饭的。见我端了相机在她家的门前，觉得稀奇。男人进去了，她还兀自站在那里看虚实。我顺口问："知不知道徐家台门？"

女人怔一怔，答：徐家台门是不晓得的。不过我们这个院子里倒是有一家姓徐的，是这里的房东。

女人在前引路，敲了徐家的门。

徐家的人虽不明就里，还是把我们让进了客厅。

接下来的情形就很戏剧了。

我翻开胡兰成的书念："徐家台门原是三厅两院的大宅，正厅被日本飞机炸成白地，主人今住东院……"

徐家人点头。

我又念："分租给几户人家，一家做裁缝，一家当小学校长。外婆（即胡兰成在温州的女人范秀美母亲的住处）住的一间，则原是一个柴房……"

徐家人亦点头。

及至念到"阿婆住的楼上原是一瑞安妇人"时，徐家人徐顺帆说："是了，是这里。你们要找谁？"

我把胡兰成的照片给他。他拿过去，只看一眼，就说："是这个人，在温州中学里面教书，教过我的堂姐的。不过他不姓胡。"

我说是，他那个时候姓张。

徐顺帆道："这就对了。他长得并不高，他的女人算得好看的。我那个时候还小，不过记得很清楚的。"

徐顺帆指给我看当年胡兰成住的那间柴房。柴房依旧是几十年前的样子，简陋朴拓。

徐顺帆说："祖上是清朝监察御史徐定超，一向开明清廉，后辈亦多为文人，没有银两来修葺老宅。能够保住原来的样子没有拆掉，还亏了自己是政协委员。"

张爱玲是在临走的前一晚来这里的。比如贵重的东西托付在这里，定规要看过了才好放心。

那一夜，张爱玲和范秀美坐在木头小凳子上，胡兰成坐在床沿上。因为胡兰成和范秀美已经是夫妻之称，张爱玲坐在那里的身份是表妹。张爱玲愿意这样，完全是顾念胡兰成。为了掩盖生生的疼，她道范秀美生得美，秀美的母亲亦是善的。

她不怪他在危难中抓住一切抓得住的，但是在顺境中也已经这样——也许还更甚——这一念根本不能想，只觉得心往下沉，又感到有点滑稽。

张爱玲对范秀美像对任何人一样，矫枉过正地极力敷衍。实在想不出话来说，因笑道："她真好看，我来画她。"找出铅笔与纸来。胡兰成十分高兴。范秀美始终不开口。

胡兰成站在一边看。勾了她的脸庞眉目，正待画嘴角，忽地停笔，只觉得范的眉眼神情，越来越像胡兰成，一时，便有了黛玉焚书的念头。

她与胡兰成相识时，胡兰成身边有两个女人，一个是生病的妻，一个是做舞女的妾。她与胡兰成结婚后，胡兰成身边有武汉的护士小周，有虹口榻榻米上的日本女子，还有这位陪着逃难的寡妇。

胡兰成送张爱玲回旅馆。

楼梯转角，供菩萨的地方，她停下脚步。

他没等她说出来，便微笑道："不要问我了好不好？"

她也就微笑着没再问他。

她竟会不知道他已经答复了她。

胡兰成催她走，因为害怕身份暴露。

危难中，自顾不暇，没有挽留。

她提了行李，立在码头，眼睁睁看着胡兰成和范秀美站在岸边，俨然一对夫妻，她和胡兰成上海的婚姻，倒是一个幻影了。

张爱玲悲哀地微笑着，努力维持着体面。

到了船上，原本淤积在那儿的委屈和忧伤，终不必再忍了，顺了流水，倾泻下来。

我拍下这个院落，拍下这间柴房的时候，张爱玲的疼痛依然在。

天渐渐温暖起来，张爱玲在阳台上梳头，才二十几岁的人，发丝竟披披簌簌地落下来，思绪也没了逻辑。

姑姑在厨房里问要不要红茶。

她应了一声，回到客厅。

家里的用人已经煮了牛奶，买了大饼和油条。

大饼上依旧撒着芝麻，散发着麦香，黄澄澄的油条剪成寸断，配上韭菜花酱泥，口感惊艳。尽管在打仗，物价飞涨，日子总还是要过下去的。

用人递上一封信，是胡兰成从温州寄来的。

信里，写人写事，写小周，也写范秀美，浮花浪蕊，诸般都是好的。

不久，乡下女人范秀美怀孕，是胡兰成的。侄女青芸领着范秀美到张爱玲公寓，问她要钱做手术。

连让座也来不及，进了卧室，旋即拿出一个足有二两的金镯子。

范秀美沉默地接下,连谢字也没有,仿佛也很应该。

不几日,胡兰成写信来埋怨张爱玲,为什么没有留饭。

张爱玲一阵悲凉。

温州,来不及思量的道德的、欲望的、婚姻的真实性,此刻都在敲打着,或者说毁灭着她固有的价值体系。

与胡兰成在一起的整幕场景,逐渐清晰透彻,只是当时,在那样的情形下,无法追问下去,所谓枉然。

无论是劝胡兰成放弃武汉的十六岁护士小周,还是放弃陪他逃难的寡妇,她遇见了道德困境:有一天他出头露面了,三美团圆?

她的尊严拒绝了这样的可能。

她重新定义她和他的婚姻,重新定义包含他在内的世界。

拯救所有人的方法就是她退出。

她铺开从朵云轩买来的宣纸,写道:"我已经不喜欢你了。你是早就不喜欢我了。这次的决心,我是经过一年半的长时间考虑的,彼时唯以小吉故,不欲增加你的困难。你不要来寻我,即或写信来,我亦是不看的了。"

"雨过河原隔座看"。

与胡兰成,张爱玲在钱上面也算得很清楚。

用别人的钱,即使是父母的遗产,也不如用自己赚来的钱来得自由自在，良心上非常痛快。可是用丈夫的钱，如果爱他的话，那是一种快乐；不爱了，一分钱也不要，绝不夹缠，干干净净。

随信，张爱玲把手头仅有的一笔钱汇给了胡兰成。

还清了。

两讫。

乱世里，她谋爱，谋生，但是绝不夹缠，爱就爱了，恨就恨了，说就说了，做就做了，散就散了。

她去寄信，梅子雨时节，旗袍的下摆滴着水。

回来，手上捏一块抹布，一处一处地擦拭过去，强迫症的样子。她要把胡兰成的痕迹清除干净。

几个月前，温州的一条小街上，也是雨天，她和胡兰成各撑一把伞的旧影一闪而过，像是老电影的片段。

胡兰成在6月里接到此信，无喜无悲，穿着白绸衫子，去河边菜地走了一遭，回到屋子里，继续端然写信。

知道张爱玲的刚烈，便将信寄给了张爱玲的闺密炎樱，在信中一如既往地撩拨。

张爱玲自然是不理。

一朵莲花，开始萎谢，悄无声息。

英文谚语"灵魂过了铁"，她这时才知道是说什么。一直因为没尝过那滋味,甚至于不确定作何解释,也许应当译作"铁进入了灵魂",灵魂坚强起来了?

在路上,偶然听见店家播送的京戏,唱须生的中州音非常像胡兰成,她立刻眼睛里汪着泪。

红尘劫。

就像躺在浴缸里,被热水烫伤了,火烧火燎。人有三恨:一恨鲥鱼多刺,二恨海棠无香,三恨《红楼梦》未完。张小姐还要加上一恨?

陈寅恪八十万字写妓女柳如是,叹的便是伪名儒不如真名妓。

20世纪70年代,在台北,胡兰成教职被解聘之后,住在作家朱西宁隔壁。每到开饭时,朱家这边的女儿,必定隔着墙篱招呼:"胡爷,吃饭喽!"

胡的应和,每每都调门响亮。原来是生性。不管身在何处,今夕何夕,总能随遇而安。碗里有肉,床上有女人,大抵如此。

一个朝代完结了。一种制度陷落了。

张爱玲的一生都是委屈的。

她书里的人物也是委屈的。

葛薇龙,一个清清白白的女学生半推半就,走入了上流社会交际花的位置上。

即使没有乔琪，也会有另一个男人被她拿来做借口，只因为她早已脱不了这种生活了。

譬如白流苏。

初次邂逅范柳原，是她长期压抑下反抗的开始。

"一个女人，再好些，得不着异性的爱，也就得不着同性的尊重。"

流苏心里是明白的，所以能够在有声无声的谩骂中若无其事地微笑。她爱他吗？他也爱她吗？她不过是为着寻一个归宿，而他不过是一时随性的动情。如此自私的两个男女的较量，模糊的情爱却因了战争得到善终。

结婚以后，范柳原不再对白流苏说情话，去对别的女人说了。

宿命中，一个小小的圆满，却是用无限的凄凉来做底子的。

《小团圆》里的九莉，现实中的张爱玲，均如斯。

虽然与胡兰成离婚，虽然在严苛的政治甄别中张爱玲与汉奸行径无任何关系，但还是被小报归在文化汉奸之列，一些媒体开始封杀和围剿张爱玲。

那情形如《红楼梦》第一百零五回，查抄宁国府，一惊一吓，生命全都变了颜色。

这一年，张爱玲二十七岁。

洗心革面

每当人生发生变故时，李鸿章家的女性都选择物理空间的移动：搬家。

撇清，斩钉截铁地转身。

还是租界，还是繁华的静安寺路（南京西路），沿街的重华公寓，英式风格，著名银行家虞洽卿投资建造。张爱玲同姑姑一起，搬到此处，所谓大隐隐于市。

张爱玲委托海上文人唐大郎和龚之方，请其出版《传奇》修订本。

这部小说集，先前在与胡兰成感情最为炽热的1944年9月初版，四天即再版，畅销一时。

龚之方接到委托，自是不敢怠慢，约了导演桑弧，拜访当时驰名沪上的金石书法家邓粪翁，为张爱玲的修订本求字。

邓粪翁亦是义士，没有推托，即刻提笔给了八个字："张爱玲：传奇修订本"。

修订本的小说由张爱玲选定,并且增补了序《有几句话同读者说》。

序的要义:一、声明自己不是文化汉奸;二、与胡兰成的关系实属私事,用不着对大众剖白。

言辞锋利严谨,比如一封律师公函。

封面以及编排一径自己安排,且用了印章,挑了鲜红的印泥,在每一页纸上盖将过去,郑重其事;仿若洗心革面,收拾山河,重新出嫁。

1946年,《传奇》增订本,在唐大郎和龚之方主持的山河图书公司出版。

——这是人生苍茫的一段日子,命运像耗子,在暗的洞穴里咬啮,颤抖,即便如此,也还硬生生地走在光天化日之下。

母亲从欧洲回来。母亲总是选择在关键的时刻回来。

舅舅一家去码头迎接。

张爱玲被隔离在亲情的外圈。

母亲更瘦了,有了衰老的迹象。男友早在太平洋战争期间死于新加坡。她的财产也分别毁在新加坡和巴黎。随身的十几只箱子,各种细软以及字画、瓷器等古董;她的身家里,还有一箱蛇皮,原本打算做箱包生意的,还特地去英国皮革厂学习过。

这天下午,母亲备了红茶和奶酪蛋糕,请张爱玲到自己的房间喝茶。

张爱玲赶紧从抽屉里取出二两黄金,包在一块刺绣手帕里。

进得母亲房间,母亲正在整理箱子,又要离开了。

一次一次地回来,仿佛是为了一次一次更远地离开。

茶点摆在梳妆台上,茶具都是上等英国货。母亲就是在这点上特别讲究。

到了张爱玲这辈,家道凋零,也没见过什么好东西。

端起杯子,按照母亲的教导,托着茶碟,杯底朝外。

伦敦买的伯爵茶,汤色醇正。

母亲道:"你在这里这么难,要不,与我去伦敦?在那里继续读书,拿了文凭,出来做事也容易。我们这一代,吃亏在没有读书。"

张爱玲怔一怔,怯声道:

"我还是和姑姑住。不能再用母亲的钱了。"

说着,把二两黄金递过去。

母亲打开帕子,看着两根金条,当下落了泪。

张爱玲并不动情,只觉得很尴尬,僵持在那里。

母亲去了盥洗室。

张爱玲听见,母亲在里面抽泣。

母爱,是在空中洒下的一把金屑,随着时间慢慢沉淀。

张爱玲要等到终老的时候才能体悟吧!

一会儿,弟弟来了。

几年不见弟弟了,小大人似的不合时宜。

母亲去厨房端了牛油拌土豆泥、菠菜配水泼蛋,嘴里一迭声说着营养搭配的道理。

张爱玲与弟弟有嫌隙,因为他背后诋毁过她,便忙说要去图书馆借书,走开了。

延挨到晚饭时间才归。

客厅的桌子上,鳜鱼镶面、干烧明虾、茭白肉丝、鸽子火腿汤,以及熏鱼、海蜇、土豆沙拉、酱鸭、叉烧四拼冷盘。

正满腹疑思,姑姑端着烛台出来笑道:

"你母亲忽然想起今个儿生日,可巧,虞洽卿的厨师这几日空闲,就请来做了几道看家的菜。你有口福了。"

舅舅家的两个女儿也在场。

带了葡萄酒和裱花蛋糕。

新近,在母亲的运作下,她们都有了门当户对的郎君,出席母亲的生日晚宴,是为借机答谢。

均是女流,不拘谨,各自面前一个酒盅,自斟自酌。

姑姑左耳上一个玛瑙镶金坠子,右耳上一只米粒翡翠镶金坠子,多喝了几口,双颊绯红,如晚霞,煞是好看。

母亲这边,好莱坞流行的S形发卷,薄纱连衣裙,灰蓝开司米披肩,手腕上一只碎钻镯子,鞋面嵌着一排珍珠,似简·奥斯汀笔下走出来的人儿。

切蛋糕的时候,姑姑去钢琴前弹了一曲莫扎特,然后跑回来,挤在舅舅家两个女儿中间一起唱生日歌。母亲的声音尖而高亢。据说她在法国学过声乐,因为对肺好。

"夜宴聚赌。"姑姑道。大家笑作一团。

姑姑踩了桌子底下的铜铃,钟点工出来收了碗筷。

母亲赶紧拿起水晶杯,放在一旁。怕被用人摔碎,宁可自己洗。

张爱玲起身去拉窗帘,母亲从背后走过,道:

"刚才有位李先生打电话找你,说是与你合作电影的导演。"

表姐道:"是导演桑弧?你们合作的《不了情》已经出预告了呢!下次请他出来喝咖啡,签名!"

母亲道:"明晚我请客,去大光明电影院。"

张爱玲默然。

她担心她与桑弧的关系被发现。

她不知道，姑姑早就告诉母亲了。

一次，她正躺在浴缸里，母亲没敲门就进来了，盯着她水中的身体很深地看了一眼。做母亲的本能。

找补的爱

第二日,一家人整整齐齐来到电影院。这是上海第一流的电影院,著名设计师邬达克的杰作。

玻璃、丝绒,仿云石的伟大结构,一层一层叠加起来的幻觉,幸存的巴洛克经典。

电影开映多时,走廊空荡荡的,冷落了下来,成了宫怨的场面,遥遥听见别殿的箫鼓;残余的雪茄、巴黎香水的游丝,在空气中凝固成一个阶级的符号。

迟到的她们,鱼贯入座。

镜头里,正好也是电影院,高高竖起的电影预告牌,剪出的巨大女子头像,眼里有泪。

中景,另一个较小的悲剧人物,渺小得多的,在那广告牌底下徘徊着,是女一号虞家茵,穿着黑大衣,乱纷纷的青丝两分披下来,镜头转为特写,脸色如同红灯映雪。

女主演陈燕燕，适合知识女性的角色，张爱玲偏爱她。此番，她的角色是家庭教师。她和男主的邂逅就在这家玻璃王宫式的电影院。男主刘琼饰演。她爱上男主人，又不愿做妾。她毕竟不能回归传统，而他也使君有妇，她终于忍痛离开。

　　故事的套路类似《简·爱》。

　　陈燕燕的人设，是简·爱，也是娜拉。

　　"她那种美看着仿佛就是年轻的缘故，然而实在是因为她那圆柔的脸上，眉目五官不知怎么的合在一起，正如一切年轻人的愿望，而一个心愿永远是年轻的，一个心愿也总有一点可怜。"张爱玲把一张女人的脸先做成文学，然后又把它引申成年轻人的愿望，这种"跳接"，仅仅以"正如"两个字就轻而易举地带过去了；而"正如"后面的句子，是无法用电影的视觉手法表现的。当然，可以用作旁白。

　　五四以后，不少作家在写作中用了电影手法而不自觉，到了三四十年代，上海的都市作家开始重视电影文学，譬如"新感觉派"的刘呐鸥和穆时英，二人读的是法国教会大学，崇尚欧洲先锋主义。他们的五四，似乎是彻底抛弃传统，对西方文学艺术，实行"拿来主义"。他们写电影剧本，也投资电影，对电影美学颇有研究，作品中，自觉运用电影技巧。穆时英的《上海的狐步舞》便如斯。

新感觉派是张爱玲的先锋。

张爱玲的特长是：好莱坞的电影技巧，嫁接中国传统小说叙事方式，构成两种艺术的天衣无缝——中国才子佳人的通俗模式＋好莱坞喜剧＋英国绅士淑女的温良恭俭让、机智诙谐。由于配方比例得当，成为"上等调情"的鸡尾酒，颇合都会知识分子、青年学生以及良家妇女的品位。

影片结束，华灯亮起。有人在轻轻擦拭眼角的泪，怕毁了妆容。

母亲显然也动容了。

姑姑道："都放国产片了，我正经没事做了。"

战前，姑姑在这家电影院为进口片做现场同声翻译。

弧线形的大理石楼梯，正下楼，桑弧出现了，一张脸兴奋着，就如还没来得及卸装的主演。

他喊住张爱玲："怎么样？我没有糟蹋你的东西吧？"

一脸的谦恭。

张爱玲笑着，很勉强地向家长和表姐妹介绍。

母亲转身道："很好，该看见的都看见了。"

张爱玲岔开去："陈燕燕刚生了孩子，胖出来，全程只能穿黑色大衣，像个中年妇女。"

第二日，被誉为"江南第一支笔"的唐大郎便在报纸上捧

《不了情》。

张爱玲与胡兰成是秘密结婚的,婚后又不住在一起。旁人只道才女与汪精卫政府的政要走得近,并不知其已经结婚。

待到南京政府审判汉奸结束后,便有人撮合张爱玲和桑弧。

桑弧是小户人家出身。父母过世得早,哥嫂一路带大。特地送他去学金融,期待日后捧得金饭碗,衣食无忧。

偏桑弧与唐大郎一般,热衷文艺,写文章,写剧本,客串演员,在片场里做剧务、副导演,本是客串,竟是欲罢不能,做成了专业。哥嫂劝也是劝的,无果,又见他做得风生水起,也就随他去了。

他与张爱玲,据文字记载,于1946年便有交集了。且只要是张爱玲的事情,桑弧必是鞍前马后。

他有谨慎、阴郁的一面。其情形一如张爱玲笔下的世均。他们去看电影,吃馆子,总跑到老远的城外,吃农家菜,或冷清清灰扑扑的北方馆子。

他们站在外白渡桥,淡淡的稀薄落霞,照在她头发上,给她的脸镶了一层金边。

一次,他问爱玲:"哎,你到底是好人还是坏人?"

这厮在文雅地试探。

她笑着,没有应答,心里有奇异的感觉。

她与胡兰成是初恋,但没有琼瑶剧里的谈情说爱,一来一去,就被征服了——在这方面,胡兰成一贯霸道,又是老手。

张爱玲太过饥渴和冲动,将二十三年的积蓄一次付出,伤筋动骨,弄得初恋亦不像初恋,因为知道还有更大的破坏,来不及地老天荒,省却了心中多少的前戏,只为一晌贪欢,偷情似的急迫。

她理想中的初恋应该就是眼前这样?淡淡的、涩涩的、轻轻的?见过胡兰成的生猛,桑弧几乎是个纯真的大男孩,圆圆的脸,伶仃的下巴,一双杏仁眼,有几分女性的柔美。比她略大几岁,但看上去比她年轻。

曾经沧海难为水?

二元论的世界对于张爱玲来说,太过简单。她的丰富他不懂,他总觉得她有点高深莫测。

她谈不上爱他,大约也有自卑,觉得不配。

她编剧,他导演,她写文章,他捧场,圈子里的人都希冀着他们修成正果。

那天,他们在外面吃了小馆子,去了姑姑的另一处公寓。

他居然是第一次。

她也不像是有经验的人。

两个人都很别扭。不过真的是很好。

他们谈婚论嫁，不是严肃的，总像在开玩笑。

那天清晨，从公寓里出来，张爱玲一个人走在洁净的马路上，晃动着细长的手臂，竟高兴得歌唱起来。

路过一家酒店，看门的印度人笑着招呼："Girl！"

张爱玲很是感动。自己还年轻。

终于，她停经两个月，她只与他发生过关系，只好告诉他。

他强笑着低声说："那也没有什么，就宣布……"

他为她介绍了一位著名的妇产科医生。

没有怀孕。却查出子宫颈折断。

耸人听闻，却是真的。

无比难堪。

她没有勇气说。

等着医生说与他听的。

他的医生，总是站在他这一边的。

他听了面无表情。

他太弱小了，无法接受她简单又复杂的历史。

他是一个好人，她当然也是一个好人，他陪她度过最深的沟壑，给予她真切的温暖，但他们不在一个世界里。

因为懂得，他们放过了彼此。

唐大郎等一众文人并不知情，推举代表，去张爱玲那里说媒。

张爱玲，一摇头，再摇头，频频暗示，不要再说下去了。

后来他结婚了，要了圈外的女子，很漂亮，出双入对，还在一份小报上登了结婚启事。

她算前女友。他结婚的事，她最后一个知道。

有一天她问："预备什么时候结婚？"

他笑道："已经结了婚了。"

立刻有条河隔在他们中间。

河水汤汤，他和她都听见了。

她和他的脸色都有点变了。

分明是爱过的。

至少是刻骨的在意。十分。

这是张爱玲"找补的初恋"。

她与桑弧的第一次见面，她一直记得：1946年12月24日圣诞夜，文华影业公司高层负责人陆洁打电话给张爱玲，正式邀请她制作电影剧本。张爱玲爽快地答应了。

第二日，25日，圣诞节，桑弧便按响了张爱玲家的门铃。

1947年1月12日，张爱玲写出了剧本《不了情》初稿。

桑弧导演。当年3月22日，影片杀青。上座奇佳。

至此，文华影业对"张弧档"充满期待。

1947年，《太太万岁》开拍，12月公映，场场爆满，引起轰动。其风头甚至盖过了当年引进的好莱坞大片《出水芙蓉》，成为年度影坛压卷之作。

1995年，有人要拍张爱玲的纪录片，访到桑弧，他却说："因为几十年没通音信了，我很难发表意见，我不准备谈。"

刻意回避？

明哲保身？

桑弧和爱玲合作过电影，与《小团圆》印证不爽，还有长相的描述，也是惟妙惟肖——他头发上也有个漂亮的花尖。

当年张爱玲在《亦报》上连载《十八春》，桑弧曾用"叔红"这个笔名，怀着深情的调子写了一篇《推荐梁京的小说》："我读梁京新近所写的《十八春》，仿佛觉得他是在变了。我觉得他的文章比从前来得疏朗，也来得醇厚，但在基本上仍保持原有的明艳的色调。同时，在思想感情上，他也显出比从前沉着而安稳，这是他的可喜的进步。"

聚有时，散有时。

她的每一种感情都是千疮百孔的。

前些日子，有人在旧书摊上买到几张桑弧为张爱玲拍摄的照片，背景是张爱玲的公寓。张爱玲在镜头里松弛自然的状态，再次引起圈中人士对这段感情的合理推测和文艺的编排。

最后的证人

待局势稳定,张爱玲和姑姑搬入著名的卡尔登公寓(长江公寓)301室。

这片区域,原也是李鸿章的产业区。

据上海私营房地产业资料记载:

"清朝大吏李鸿章除拥有具亭台楼阁之胜的丁香花园外,还在今华山路置有豪华住宅,今南京西路人民公园对面沿街的数十幢3层市房及后面的住房梅南坊也是他的产业。他的家属还把华山路住宅改建成枕流公寓分户出租。"

1928年,张爱玲一家从天津搬到上海,舅舅在李鸿章的这片产业上,找了一个叫张家浜(新昌路)的地方落脚。张爱玲和舅舅的孩子在那里的一个照相馆里拍了合影。

那个照相馆叫"宝德"。

张爱玲说:"我们搬到上海去等我母亲、我姑姑回国。我舅舅家住在张家浜，未来的大光明戏院后面的卡尔登戏院后首的一块不规则的小型广场，叫张家浜，显然还是上海滩初开埠时节的一块沼泽地，后来填了土，散散落落造了几幢大洋房。年代久了，有的已经由住宅改为小医院。"（《对照记》，北京十月文艺出版社，2007年2月版，第15页）

卡尔登公寓地处上海钻石地段，十里洋场的中心。

高级酒店式公寓，扇面形展开，递层向上延伸，套入式中央花园，顶层一个巨型的阳台，可以看见远东地区最大的跑马场。

公寓等级森严，设有四架铰链电梯，供不同层次的人出入。每个楼层25个套房，S形分布。羊毛地毯，铜制把手，铜制门锁，沙逊家族铜制族徽。

如今，地毯早已不见了，固定地毯的铜条，还顽强地保持着当年的光泽。

据说，卡尔登公寓本意是要超过国际饭店的，因为战争，没能按照图纸建造完毕。待用的建筑材料一直堆放到了70年代。

1987年，好莱坞导演斯皮尔伯格来上海拍摄《太阳帝国》，这栋建筑在影片里出现了好几秒。

张爱玲和姑姑住在301室。边上有一道消防楼梯，直接通向树木浓密的花园。

公寓近旁的福州路,旧称四马路,集中了一批著名的馆子、茶楼、书店、戏院、杂志社以及高级妓院。这里是清末小说《海上花列传》的主要场景之一。

万象杂志社,设在四马路的昼锦里。

1943年初夏,张爱玲着一件丝质碎花旗袍,腋下一包文稿,去万象杂志社见柯灵。旋即在《万象》发表了《连环套》《金锁记》《倾城之恋》等重要作品,一时间,文坛只知张爱玲,她成为各家报纸和杂志争取的作家。

1944年,她与琼瑶的公公平襟亚因为稿费闹到决裂,还要登报说明,以凛然的姿态结束了与《万象》的合作。

傅雷用笔名批评她的作品,她也在第一时间,远兜远转,予以回敬。

她的水仙子人设,在盛名之时,已有极致的表现。

1950年,张爱玲已是一只寒蝉,静默良久。

新时代,新政权,夏衍、周恩来,均赏识张爱玲的才华,希冀她在新的体制下,继续作为。

张爱玲领恩,姑且使用笔名"梁京",发表长篇小说《十八春》,在上海《亦报》连载,引起轰动。

有位与曼桢有同样遭遇的女子,从报社探悉了张爱玲的地址,一路找来,门房自然是不让进的。此女子便倚在公寓的大门上抽泣。张爱玲手足无措，幸得姑姑下楼劝慰，才将一个泪水淋淋的痴情女子劝了回去。

无论世道如何，只要电车依旧叮叮咚咚，冬日太阳仍有余晖，升斗小民挎着篮子买小菜横是每日功课——大难下的从容，荒凉里的市井，上海人既世故又天真的日子。

这是张爱玲的家城，她生命底子里的颜色。

一日，她与胡兰成在梧桐树下散步，心生喜悦，与胡兰成道："现代的东西纵有千般不是，它到底是我们的，与我们亲。"

列车匆匆驶过，熟悉的旧时风景。

直到以农村为想象空间的革命文学大行其道，直到张爱玲在《十八春》里，把曼桢等都市青年挪移到了东北解放区，海派文学，且告一段落。

1951年，《十八春》出版了单行本。

1952年，英籍华人女作家韩素音出版了自传体小说《瑰宝》，背景是1951年的香港，各色观望人群把这里作为避难所、中转站。

混血女医生邂逅英国记者，不同的政治制度和信仰、世俗，造就了生命在历史裂缝中的非凡状态；一个绝望动人的爱情故事，一个英国式理性和中国式温情美妙交融的故事——爱情、民族，诗意与高超的艺术，使这部小说比历史更长久。一部完全不同于张爱玲《倾城之恋》的倾城之恋。

7月，小暑。

姑姑差用人买来一只现杀的母鸡，葱姜绍酒，炖了一锅汤，待到黄澄澄鸡油浮出水面，放几张新荷叶，把浮油吸了去，却留下了几许夏季的清香。浅浅的一碗，姑侄二人，静静地喝着，各自揣着各自的心思。

张爱玲搁下碗，怔了一会儿道："姑姑，我这一走，那里的地址也是不能给你的。你是不知道的好，免得受连累。"

姑姑一件月牙白的旗袍，周身不见一样首饰，大约是天热。她只管喝着汤，一小勺一小勺地抿着，杯盏还是以前的纹样。

窗外，夜蝉许是累了，只鸣了一个长长的响，便落进绿荫歇息去了。

一早，三轮车已停在公寓门前。

张爱玲不敢多带物品，只收拾了一个中号的箱子，还是姑姑的。

姑姑掂了掂箱子，转身回房，取来一本线装宋版书道："里面给你压了几张金叶子，不凑手的时候，连书一起兑了。"

张爱玲"嗳"了一声，竟也来不及伤感。

等电梯的时候，她第一次如此专注地抬头看着沙逊家族的族徽：一对灵缇犬。

对个人来说，能够拥有的，也只有这些小小的物件、小小的情感而已了。

这部电梯，是她在上海最后的证人。

她提着箱子进了电梯。

门哐啷一声关上，铰链吱吱扭扭，拽着电梯厢往下坠……

三轮车夫奋力踩着轮子，一直往北，去火车站。

太阳渐渐地高了，晒得发晕，车夫停下来，拉起了遮阳篷。

第三章

单程车票

下了火车,过罗湖桥。

人们长蛇阵排着,把证件交给铁丝网那边的警察,拿到一个小屋去研究,就此音信杳然。

正是大热天,站在太阳底下。

张爱玲排在长长的队伍里,等待过关。

她证件合法齐全,顺利过关。

那条地界,从此,把张爱玲的生命分为上半场和下半场。

她的《秧歌》,她的《赤地之恋》,往事一一翻篇儿。香港和上海,构成了张爱玲作品的两个重要的域场。

她总是选择离开。

1955 年秋天,张爱玲从香港出发,乘"克利夫兰总统"(President Cleveland)号,驶向一片未知的大陆。船才离开码头,她的眼泪便如泉涌。眼泪无法形容,也无处安置。

——那是 1947 年，她去温州探望逃亡中的胡兰成。胡兰成担心暴露了自己的行踪，便催迫她赶紧回去。

终究是要走的。

她登上回上海的船，亦是泪雨淋淋。她知道，她和他终结了。数月后，胡兰成接到张爱玲的信："那天船将开时，你回岸上去了，我一人雨中撑伞在船舷边，对着滔滔黄浪，伫立涕泣久之。"

一个闪回，几分钟，整个世界仿佛只是打了一个盹，一个时代便结束了。一如她的小说《封锁》中的封锁。

忽听人声喧沸。

张爱玲赶紧迈出舱门，只见金门大桥，桥塔高擎着钢索，云雾之下，如一尊巨型的红色卧佛。

那一刻，她在上海的辉煌被宣布过期作废。

1955 年，韩素音的《瑰宝》被美国福克斯公司改编成电影《生死恋》（*Love Is Many Splendored Thing*），获得第 27 届奥斯卡三项金像奖、两项提名奖，一时风头无俩。

张爱玲并不觉得赛珍珠和韩素音如何的好。

对于开辟英语世界，她充满期许和期待。

她自信。

纽约，拜码头

1955年11月，张爱玲到达纽约。

首要事件：拜胡适的码头。

1932年，父亲看了胡适的考证，买回一本《海上花列传》，被张爱玲截下，缠着家庭教师朱先生用苏州土话（吴语）朗读书中妓女的对白。

朱先生无奈，只得捏着喉咙学女声，张爱玲和弟弟大笑不止。从此，张爱玲痴迷上《海上花列传》，也兼带着学会了听苏州评弹。

一次，张爱玲破例要了四块钱买了也是胡适考证过的《醒世姻缘传》，结果弟弟拿着舍不得放手。

做姐姐的，便慷慨地给弟弟先看一、二册，自己从第三本看起。

几年后，张爱玲在港战中当护士，驻扎在香港大学冯平山图书馆，发现一部《醒世姻缘传》，得其所哉，一连几天看得抬不起头来。房顶上装着高射炮,成为轰炸目标,一颗颗炸弹轰然落下来,越落越近,她只想着至少等她看完了吧。

张爱玲的姑姑,有个时期跟张爱玲的父亲借书看,后来兄妹二人闹翻了不来往。张爱玲的父亲有一次忸怩地笑着咕噜了一声:"你姑姑有两本书还没还我。"

也有一次,张爱玲的姑姑有点不好意思地说:"这本《胡适文存》还是他的。"

母亲和姑姑早年跟胡适同桌打过牌。战后报上登着胡适回国的照片,笑容满面,像个猫脸的小孩,打着个大圆点的蝴蝶式领结。张爱玲的姑姑看着笑了起来,说:"胡适之这样年轻!"

一家子的胡迷。

张爱玲希望胡适是一座桥梁,帮助她抵达英语文坛的彼岸。

此时的胡适,在纽约,没有职位,生活惨淡。

读《胡适的日记》,有两件事感慨颇深:一件,他的老妻江冬秀吃不惯西餐,加上经济困难,就自制腊肉、霉干菜、咸鱼之类,挂在阳台上晾晒,徽州名菜臭鳜鱼有味道,邻居啧有烦言。胡适心中不安,趁老妻外出看戏,把这些东西全扔了。

还有一件,就是他从不带钱,带了也记不住,江冬秀就想了一个法子,每晚在他领带内夹两美元,这样胡适每天上下班就可以买票了。胡适为此还很得意,学者唐德刚采访他,他把这件事饶舌出来，哈哈大笑。

老妻江冬秀每每对着儿媳"抱怨"："他帮助穷书生，开起支票来活像百万富翁，'装'得像个慈善家。"

晚年的胡适，唯一的"奢侈要求"，就是皮鞋"必须用上好的皮革定制"。

张爱玲写给胡适的信上说："很久以前我读你写的《醒世姻缘传》与《海上花列传》的考证，印象非常深，后来找了这两部小说来看，这些年来，前后不知看了多少遍，自己以为得到了不少益处。"

胡适读了这几句话，非常欣慰。

深秋，胡适在纽约公寓的客厅里招待了张爱玲。

她与炎樱同来，天然拒人于千里之外的气质。反倒是锡兰女孩炎樱，甚是活泼，胡适与夫人江冬秀都很喜欢她。张爱玲倒成了陪客了。

闲谈中，胡适意外地发现，张爱玲是丰润张佩纶的孙女，世交。

光绪七年（1881），张佩纶作书介绍胡适父亲（胡传，字铁花）去见吴愙斋。此是其父事功的开始。

张佩纶被贬谪时，其父远道寄函并附银二百两。

张佩纶甚感动，故在日记中特书此事。

拜访胡适后，机灵的炎樱跑出去打听，然后冲张爱玲嚷道："喂，你那位胡博士不大有人知道，没有林语堂出名。"

"慈善家"胡适在11月10日回访了张爱玲。

其时，张爱玲住在纽约87街救世军办的职业女子宿舍。

救世军是以军队形式组织管理的慈善公益组织，宣传基督教信仰。管事的老姑娘都称中尉、少校。里面收容了一些打算在此终老的胖太太、醉鬼流浪汉、病恹恹的老人，还有初来乍到只认识胡适的张爱玲。就这样的住处，也是仰仗炎樱的介绍。

胡适在张爱玲的引导下，走进大而无当的客厅，一架钢琴，几把旧沙发。胡适一路四面看着，也满口说好，不像是敷衍。

临走，胡适在台阶上伫立。一条羊毛围巾，半旧的黑呢大衣，厚实的肩衬，凝成一座古铜半身像。大约是被街对面苍茫的河面打动，脸上有凄然之色。张爱玲也跟着向河面望过去，仿佛有一阵悲风隔着十万八千里从历史的深处吹出来，吹得眼睛都睁不开。忽然一阵凛然。

感恩节到了，胡适主动打电话邀请张爱玲赴宴，哪知张爱玲和炎樱刚从一位美国女士家里吃饭回来，说是"一顿烤鸭子吃到天黑"。回家的路上，二人很是兴奋，在纽约的夜景里兜风，刚回到家里，林黛玉身子的张爱玲就吐了。

既然如此，胡适也便作罢。

中国人的饭局不仅是吃，还是社交。

命运安排张爱玲错过。

胡适对张爱玲，始终保持初见的陌生。

1956年3月，张爱玲离开纽约，搬到波士顿附近的文艺营。她曾两次写信给胡适请求为其申请基金做担保人：一次是申请哥根哈姆及尤杰伍·萨克斯顿基金会基金，一次是申请南加州亨亭屯·哈特福基金。胡适均欣然同意。

第二次作保时，胡适顺便把张爱玲的近作寄还给了张爱玲。书中通篇圈点，又在扉页上题字。

张爱玲拿到这本书时，胡适已离开寓居八年零八个月的纽约回台北，就任"中央研究院"院长一职。

看着这本经胡适反复翻读批阅过的作品，张爱玲站在原地，"实在震动，感激得说不出话来，写都无法写"。

四年以后，张爱玲有机会翻译《海上花列传》，她才猛然警觉自己实际上是把胡适当作一种传统来倚靠的。难抑悲凉的是，如今这个传统真的不在了。"早几年不但可以请适之先生帮忙介绍，而且我想他会感到高兴的……往往一想起来眼睛背后一阵热，眼泪也流不出来。"

"属于恺撒的归恺撒"。

单人床,双人梦

音乐家麦克道威尔(Alexarder MacDowell,1860~1908)信奉艺术具有连贯性。作为哥伦比亚大学音乐系的奠基人,麦克道威尔主张建立一个综合的艺术科系。但他的这一想法并未得到哥伦比亚大学的支持。

为了实现梦想,1907年,麦克道威尔设立了以他的名字命名的艺术社团"麦克道威尔文艺营"(MacDowell Colony)。

麦克道威尔文艺营,坐落在新罕布什尔州的群山密林之中,占地420英亩,由40多栋大小房舍、别墅、工作室、图书馆等建筑群构成。

文艺营的设想是,赞助有才华的文学家和艺术家,暂时摆脱世俗的干扰,在宁静的环境下从事创作。

1956年。寒冬。零下23摄氏度。

雪花无声地飘落着,把文艺营包裹成一个童话城堡。

张爱玲来这里,带着强烈的成功欲望,创作她的英文小说

《粉泪》。

3月13日，张爱玲遇见了作家赖雅（Ferdinand Reyher）。

赖雅是德国移民的后裔，哈佛大学文学博士，他曾如海明威，赴欧洲做记者，也在好莱坞做过风头很健的编剧；信奉人生苦短，及时行乐；结过一次婚，有一个女儿；不适应婚姻的束缚，便与女权主义的前妻解除了婚约。

在以后的岁月里，他结交过不少动人的女子，但不再编织婚姻。

中年，他摔断了腿，数度中风，人生走上下坡道。

因经济拮据，他申请进入文艺营，过一天算一天。

4月1日，他们并肩在营地的餐厅共享了复活节大餐。

几天后，张爱玲将已经出版的英文小说拿给赖雅阅读。赖雅对张爱玲小说《粉泪》结构提出了建议。

张爱玲是，只对中年以上的男性产生激情；他就是古希腊神话中海妖塞壬的歌声，她总是把控不住，第一个落水。

恋父情结？

5月12日，赖雅穿着雪地靴，轻叩张爱玲房门。

静的夜，轻轻叩门居然有回响。

文艺营，现世的避难所。

单人床，双人枕。

孤男寡女，一个潦倒，一个寂寞，没有别的选择，也没有太多的思量，赖雅张开手臂，拥抱了张爱玲。宽厚的胸膛，如同一床柔软的羽绒被，那是胡兰成没有的体魄，张爱玲在赖雅的怀抱里陷落。他们的身体被唤醒，他们循着人性的本能潜行，一个无底的深渊，一种荒原的饥渴。

此刻，她需要。

她的身体已经荒芜了多年。

她听见荷尔蒙在尖叫。

没有界限，没有止境，欲望燃烧之处，漫山遍野，姹紫嫣红。

破晓时分，绵远的呼唤，充满欢愉和凯旋，震动了整个营地。

她记起，24岁生日那一晚，在胡兰成的床上，那亘古魅惑的经验。

张爱玲把两个男人叠合在了一起。

男人在女人身体上刻下的记忆，比情感更深刻，是刺青，无法抹去。

那一日，赖雅在日记里写：

"Went to the Shack and Shacked up."意思是，去小屋过夜。

积雪还没有化尽。

他们彼此取暖，成为彼此的粮票。

赖雅在文艺营的期限是5月14日。

期满后，他将去另一个小镇，等待另一个文艺营的邀请。

张爱玲去车站送别。

她给了赖雅一些现金，作为道别的礼物。赖雅很感动。

张爱玲在文艺营的限期是6月30日。

7月5日，雨，赖雅收到张爱玲的来信，信中说，她怀了他的孩子。

赖雅离婚后，三十年来，一直回避婚姻，接到张爱玲的信，出于道德和君子之风，他向张爱玲求婚。

清晨，雨未歇，赖雅撑着伞，走了几个街区，寄出了求爱信。

然后，他回到寄宿旅馆，与房东太太一起，筹划着张爱玲的到来。

两天后，张爱玲到达小镇。

他们在当地一家别致的餐厅用了晚餐。

上甜点的时候，他们进行了认真的谈话。

赖雅当面向张爱玲求婚，并明确表示，不要孩子。

这种近似摊牌的谈判态势，张爱玲很陌生。

来不及多想了。

谁主动,谁就更被动。

张爱玲同意了赖雅的决定,并为这顿重要的晚餐付了账单。

那一年,她36岁,他65岁。

一个婚礼,两个葬礼

1956 年的美国,堕胎是违法的。

张爱玲去找好友炎樱,说她怀孕了,并说:"你知道我讨厌小孩。"("You know I hate children.")

炎樱愕然。

几个星期前,1956 年 8 月 18 日,她刚刚做了张爱玲第二次婚姻的伴娘。

张爱玲道:"赖雅也不想要这个孩子。我们都没有能力来抚养孩子。"

炎樱问:"你想怎么办?"

张爱玲道:"堕胎。"

炎樱惊恐:"人工流产是非法的。"

张爱玲道:"我知道非法。你要替我想办法。"

炎樱道:"我有什么办法?我也刚来美国。"

两个人沉默着。

第二天，炎樱把自己的女上司约出来喝咖啡，嗫嚅着道出了张爱玲的困境。

女上司道："你们两个大妞儿，连这些事也不懂？避孕的方式很多呀！"

炎樱一脸可怜状。

张爱玲更是窘迫。

女上司迟疑半晌，终于给了一位医生的电话，再三关照，不能道出她的姓名。

炎樱将医生电话交给张爱玲后，就不再提起此事。

太隐私，她不想知道得太多。

赖雅和张爱玲借了别人的公寓。

赖雅拿着斧头道："如果医生对你不敬，我杀了他！"

他居然还有心情开玩笑。

她想起上海，全城戒严，姑姑去朋友家了。她一个人在家里，冷得不行，就生了一个炭盆子，那个乱世——浮世的悲欢比浮世的悲哀更可悲。

门铃响，医生来了。

三十来岁的男子，苍白，深褐色头发，穿戴十分齐整，提着个公事皮包，像保险经纪人，一副戒备的神情。

他取出许多器皿，洗手消毒。

原来是用药线。

《歇浦潮》里也是"老娘的药线"。

身死异域，死在民初上海收生婆的药线上？

时空远近的交叠，她觉出一丝嘲讽，对自己。

已经四个月了，担心打不下来，大卸八块。

一种模糊的恐惧。

为了爱，也许只是情欲，女人总是要把命拼上去的。

医生建议她祷告。

她已经很久没去教堂了。

是的，高中毕业以后，再也没有去过教堂。

现在祷告，来得及吗？

她讨厌对宗教使用机会主义。

事毕，私人医生迟疑了一下，留下一个电话号码道："你不放心可以打这个电话。"

医生走了。

窗外，警车呼啸而过。

张爱玲躺在床上，等候那个时刻的到来。

就义的姿态。

门楣上，啄木鸟挂钟嘀嘀嗒嗒。

催命似的。

一直没有动静。

赖雅去对面街买了一只烤鸡做晚餐，问张爱玲要不要吃一点。

张爱玲拒绝了。

继续挨着，挨着，如同大考前夕。

该发生的终于发生了——

一个男婴儿，一双眼睛大得不成比例，就这样眼睁睁地看着她。

她生疏地抱起柔软的肉身，沿着床架小心翼翼地走过去。睡衣太大，裤腿灌满了季节的风，此起彼伏，如同一群白色的起飞的鸽子。

这么小的一个肉身，十英寸长，笔直地立在白瓷壁上，恐怖到极点的一瞬间，她扳动了冲水把手，以为冲不下去的，竟在波涛汹涌中消失了。

消失了——花了400美金。自己的孩子，用自己的钱毁尸灭迹。

谋杀！谋杀！

一个声音高叫着。

有什么东西，在底层破碎了。是的，她听见了。

萧红也是这样，出生的孩子离奇地死去。

莫非，也是自己谋杀的？

今天有两个葬礼，一个是婴儿的，一个是母亲张爱玲的。

从今往后，张爱玲再无做母亲的可能或者机会了。

她必须重新建设她的生命结构。

她发表了一通文字演说，意思是：一向对于小孩是尊重与恐惧。倒不是因为"后生可畏"。他们长大成人之后也多半是很平凡的，还不如我们这一代也说不定。

父母大都不懂得子女，而子女往往看穿了父母的为人。自我牺牲的母爱是美德，可是这种美德是兽祖先遗传下来的，家畜同样具有——我们似乎不能引以为傲。本能的仁爱只是兽性的善。

精力有限，在世的时间也有限，该做的事又有那么多——为什么要大量制造一批迟早要被淘汰的废物？

她还说，从来不想要孩子，她担心如果有了孩子，一定对她很坏，替她的母亲报仇。这倒是真的。

堕胎后，张爱玲身子薄如中国宣纸，脸色惨白如日本艺伎，一度生命垂危，惊动了整个文艺营。

《对照记》里，一张张爱玲童年的照片，她母亲为这张照片上了颜色。

张爱玲说，生命可以无限制地发展下去，变得更坏、更坏，比当初想象中的不堪的境界还要不堪。将生命尽情地演出,不在乎别人的掌声。我喜欢自己三岁时怀疑一切的目光。

执子之手

10月,张爱玲基本康复后,他们选择定居在新罕布什尔州的彼得堡镇。张爱玲是城市动物,她喜欢摩登繁华的纽约,但是生活成本太高,负担不起。

在彼得堡的公寓里发现蚂蚁,张爱玲买来杀蚁剂,搬来梯子,伶俐地爬上去,向排风口喷射杀虫剂。一个趔趄,她从梯子上落下来,一声尖叫,丝绸一般落在地上。一片沉寂之后,她如同疯长的植物,牵起身子,又继续喷喷喷。

赖雅因此给她起了一个绰号:杀蚁刺客。

这是一个诡异的征兆。

日后,赖雅过世,张爱玲患上了严重的昆虫恐惧症。

在婚姻关系中,他们俩的位置是,赖雅持家,张爱玲养家,主要的消遣便是咖啡和电影——中年人平稳素朴的日子。

浪迹天涯多年的赖雅十分享受重新开始的家庭生活。

整部《诗经》,张爱玲独独钟爱这首:

"死生契阔,与子成说;执手之手,与子偕老。"

1959年春天,张爱玲和赖雅从寒冷的彼得堡镇,搬入温暖的旧金山。

——布什街645号公寓,一栋建于二战前的红砖房子。

张爱玲满心欢喜,系上围裙,爬上爬下,奋力打扫,她不能忍受前任房客留下的些微痕迹。

夫妻二人,开始了彼此钟爱的文学创作。

张爱玲接受了委托,将《狄村笨伯》改写成剧本;通过宋淇夫妇和麦肯锡的帮助,继续为美国新闻处做翻译。

张爱玲的作息晨昏颠倒。

赖雅怜香惜玉,每天一早出门,去自己的工作室坐一坐,整理以前的文稿。中午时分,他在面包店里买了食物回公寓,煮咖啡,做意大利面,然后唤张爱玲起床。下午,他们或去散步,或去看电影。晚上,张爱玲伏案写作。赖雅提前上床,为她暖被窝。

1959年8月14日,第三个结婚纪念日。

他们决定庆祝。

下午,他们步行至唐人街,选购中国点心,又在意大利区买了奶酪和咖啡。

回家，他们细细品尝中外食品，品尝婚姻生活的温馨。

随后，他们穿上正装，去看电影《桃色凶案》(*Anatomy of a Murder*)。

电影散场后，他们在 Tony's 咖啡馆以咖啡和蛋糕结束了这个纪念日。

执子之手，唤起了彼此人生的亲切和安稳。

1959 年 11 月，张爱玲收到入籍通知。

这是一个复杂的过程，用了八个月。

张爱玲收到经纪人的来信。

信中告知，英文《粉泪》未被出版商接受。

张爱玲当场抽泣，如同一只雨夜被人抛弃的小猫。

沮丧的情绪，一直延续到了圣诞节。

炎樱从日本寄来一件礼物——一个日本能剧的面具。面具漂洋过海，破碎了，赖雅用万能胶粘起来。张爱玲煞是喜欢，接过面具，罩住涂抹着香奈儿口红的脸，摆出身段，道着《西厢记》的词："花落水流红，闲愁万种，无语怨东风……"

1960 年 7 月，张爱玲取得美国公民身份。

这是这个婚姻给她的福利。

他们外出，享用了一顿丰盛的午餐，还买了鲜花，插在客厅的花瓶里。

在赖雅的劝说下,这一年,张爱玲投了肯尼迪一票。

张爱玲生日。她要求赖雅陪她去看脱衣舞。

她看得津津有味。赖雅揣测,她是在为写作寻找素材。

在这栋公寓里,他们还招待了德国著名的剧作家布莱希特。

2014年9月,我在唐人街上闲逛,满街都是说广东话和穿拖鞋的老华侨。

中秋了,有人在老字号饼店门前排队买月饼。

我加入了买月饼的队伍。

我一再回头,在熙熙攘攘的俗世里寻找张爱玲的旧影。

9月的旧金山,到了夜里,也还是冷。

在酒店的壁炉前,喝Napa的红酒,奶油黄的壁纸上,倒映着家具的剪影。鲍威尔街上的有轨电车叮叮当当,从我的窗下、从张爱玲的窗下驶过,身后的铁轨,如两条冰冷的银蛇弯弯曲曲——

赖雅的女儿回忆说,赖雅狂热地爱着张爱玲。

这是张爱玲生命中最温暖的一段日子。

惘惘中,张爱玲并不笃信白头偕老。

她在《倾城之恋》里说:"死生契阔,我们自己哪儿做得了主?"

失灵的卦

《粉泪》被出版社退稿后,她意识到她的题材不符合美国人的口味。她希望寻找新的写作资源。

冷战时期,一个故事浮出水面:张学良和赵四小姐。

她决定去台湾采访被软禁的张学良和赵四小姐,写出台湾版的倾城之恋,或者中国版的洛丽塔,然后去香港,创作《红楼梦》电影剧本,然后如林语堂,定居在纽约曼哈顿——张爱玲的美国梦。

瞒着赖雅,她预订了机票。

1960年7月12日,拿到美国公民身份之后,她宣布了她的行程。

张爱玲的举动对赖雅的打击,远远超出了张爱玲的预料。赖雅觉得被欺骗被抛弃了。

赖雅决定搬到女儿所在的城市。

搬家途中,赖雅中风。

赖雅的身体状况至此衰败。

终结了婚姻短暂的欢愉。

张爱玲毫不犹豫地启程了。卦书上说,她将走大运。1961年秋天,张爱玲踏上台湾岛。

她在台湾的拥趸者无数。

采访张学良未果,但并不影响张爱玲的兴致。

在台湾花莲采风途中,她接到赖雅中风的消息,心中不免慌乱。

待知赖雅病情平稳,有女儿照顾时,她便仍按原计划去香港。

这是她第三次进入香港。

张爱玲与人分租的公寓,有屋顶阳台。晚上空旷无人,满城的霓虹灯混合成昏红的夜色,地平线外似有山外山遥遥起伏,大陆横躺在那里,她听得见它的呼吸。

二房东太太是上海人,总是不好意思地解释自己为什么要分租:"我们都是寄包裹寄穷了呀!"

每月寄给她婆家娘家面条炒米咸肉、肉干笋干、砂糖酱油生油肥皂,按季寄衣服。有一种英国制即溶方块鸡汤,她婆婆来信说,它解决了一天两顿饭的一切问题。他们用热水冲了砂糖作为补品。她弟弟在劳改营,写信来要药片治他的肾病与腿肿。她妹妹是个医生，派到乡下工作。"她晚上要出诊，乡下地方漆黑，又高低不平，她又怕蛇——女孩子不就是这样？"

房东太太有个亲戚要回去，一位七十来岁的老太太，可以替他们带东西。

房东太太烤了只蛋糕，又炖了一锅红烧肉。

"锅他们也用得着。"她说。

"一锅红烧肉怎么带到上海？"张爱玲问。

"冻结实了呀。火车像冰箱一样。"

她天亮就起来送行，帮着拎行李通过罗湖边境的检查。

第二天，她一看见张爱玲就叫喊起来："哈呀！张小姐，差点回不来喽！"

"哎呀，怎么了？"

"也是这位老太，她自己的东西实在多不过。整桶的火油，整箱的罐头，压成板的咸鱼装箱，衣裳被窝毯子，锅呀水壶，样样都有，够陪嫁摆满一幢房子的。关卡上的人不耐烦起来了。后来查到她皮夹子里有点零钱，人民币，还是她上趟回来带回来的，忘了人民币不许带出来的。这就不得了了。"

房东太太唬起一张孩儿面，竖着吊梢眼道："这位老太有好几打尼龙袜子缝在她棉袍里。"

"带去卖？"

"不是，去送礼。女人穿在长裤里。"

"——看都看不见！"

"不是长筒的。"她向她小腿上比画了一下，"她总喜欢谁都送到。好能干呵。"

简直就是一部电影剧本。

王家卫说，他的电影，都是在向张爱玲致敬。

譬如《花样年华》，本没有上海女房东这一人设。

一次，在电影院，王家卫遇见上海籍演员潘迪华，他们用上海话打招呼。王家卫恍惚，觉得潘迪华就是张爱玲笔下的房东太太，于是重新改写了剧本。

王家卫拍出了张爱玲的底色。

张爱玲在给宋淇夫妇的书信里，提到导演王家卫要买《半生缘》电影版权，他还寄了作品的录像带。

张爱玲不会操作录像机，此事被搁下。

半年后，张爱玲归天。

王家卫回应这件事：

"我和张爱玲的年代差太远了。我认为张爱玲小说是很难被拍成电影的，我很喜欢《半生缘》，但《半生缘》是拍不了的，每个读者对它都有自己的看法，就像《红楼梦》一样。对我来说，《东邪西毒》就是金庸版的《半生缘》，《花样年华》就是王家卫版的《半生缘》。"

王家卫电影是作家电影，张爱玲的小说是写在纸上的电影，他们的时空都盘桓在香港和上海，他们分别用胶片和文字谋划着各自的"双城记"，在别处，遥望故土。

是的，在别处。

这是宕开的一笔。

运气不是总站在才女这一边的。

《红楼梦》电影剧本几经修改不得结果。

宋淇也是《红楼梦》研究的大家，太钟爱这部书，太看重这次改编，总对张爱玲的剧本不甚满意。

彼此产生龃龉。

赖雅屡次写信，催促张爱玲。

张爱玲很无奈。

延宕着，花完了预算，又拿不到稿费，房租成为负担。

宋淇夫妇将才女接到自己家中暂住。

姜黄色的洋房，掩映在嫣红的蔷薇中，配着碧海蓝天，如美国画家米尔顿·埃佛里的画。

彼时，宋淇家祖孙三代，连同保姆，一大家子人，并不宽裕。

宋淇将儿子宋以朗的房间让给了才女。

十三岁的男孩宋以朗,夜夜睡在客厅的沙发上,心里自是不情愿。

张爱玲蜗居在少年宋以朗的屋子里,修改电影剧本《红楼梦》,吃着隔夜面包,无日无夜。

窗子面朝山林,常有迷失的杜鹃鸟来啄玻璃窗。

山道上,私家车里,从派对上回来的名媛绅士,带着微醺的步态,按了铃,电梯哐当哐当坠下去,又哐当哐当奋勇上升,把人间的重量拖拽进一扇柚木门里。旋即,天地间,重归混沌。

如此熟悉的场景——

是1944年,上海爱丁顿公寓的移位,或者是复制。那些与姑姑、母亲在一起的日子——换了人间。

终于与宋淇结清了账目。

张爱玲想买点廉价金饰带回去送人,听说后面一条街上有许多金铺,便走了过去。

中环,也是清冷。没有灯光,悄无声息地走着,只听见自己的脚步声。

这不是摆绸布摊的街吗?怎生的,一点痕迹都不存?

戏院的背后,暗的夜幕下,一个喧闹的鬼市。

摊子和摊子,罐头一般拥挤着,小车柜上竖起高高的杆柱,挂满衣料,把沿街店面全都挡住了。

她被人丛簇拥着,像失散了亲人的孤魂。

尽管与港大有过节,张爱玲还是回母校怀旧。那是她的回不去的青春。

校园倒还没怎么变,山上的树长高了,一条砖砌小径通向旧时的半山女生宿舍。

日军入侵香港时,她二十岁,做看护。

死亡总是在夜里。

她拿着牛奶瓶穿过病房,听见一位伤员高喊:"姑娘,姑娘!"她头也不回。

清晨,那个伤员死了。

她的历史老师也战死了。

她还活着,苟活着,自私地活着。

她不敢细看,不敢细想。

时间的、历史的重量压得她抬不起头来。

庭院池中,暗绿的喷泉,咝咝地,向珍珠白的天空射去,又在半空中落下,刹那,已经把她抛下很远,成为局外人。她赶紧转身走开了。

第一次来香港,求学。

第二次来香港,在不同政治语境里,寻找生命的出口。

第三次重回香港,背景是文化失语,被英文文坛冷落;文学和她的肉身一起流亡着。

此时的张爱玲,早已不再是那个高举"出名要趁早"的"魔都"时尚女性了。她的性格里,写满了菊和刀。

卦,失灵了。

命运很吝啬。雄心勃勃的启程,回来,已是惘然。

也许,在上海,她已经用完了她所有的运气。

她的文化震荡期、失语期已经来临。

1963年3月,张爱玲根据访问台湾、香港的经历写了英文游记 *A Return to the Frontierer*,发表于美国杂志 *The Reporter*,在台湾文学界,引起了极大的回响。但是她准备拿来重新进军美国文坛的《少帅》,却不如愿。她越了解张学良,便越是不喜欢这个人,连同赵四小姐,她亦是不喜。笔涩,如同上海的黄梅天气,她不得不放弃了。

波士顿寡妇

张爱玲和赖雅结婚后,维持着最低限度的生活。

两人的共同点只有一个:没有固定收入。他们经济拮据到连买床单、窗帘都成了奢望。

他们的生活状态,就两个字:清贫。

从1964年开始,赖雅瘫痪在床,大小便失禁。

张爱玲努力伺候。那个有严重洁癖的贵族小姐已经去向不明。

困顿沉重的日子,磨损了天才的生命和激情,张爱玲的创作锐减。英文作品无处发表。她只能寻求学院研究经费。

1966年夏天,学者刘绍铭在印第安纳大学一个学术会议上,与张爱玲有过一面之缘。他和两位学兄胡耀恒和庄信正一起到旅馆去看望她。那时,张爱玲还得照顾瘫痪在床的丈夫赖雅,又无固定收入,叮嘱三个男生代她谋小差事。

刘绍铭将张爱玲介绍给他在迈阿密大学的"旧老板",让她在大学当"驻校作家",每月可拿千元的薪水。

1966年9月20日她给刘绍铭的信上说:"病倒了,但精神还可支撑赴校长为我而设的晚宴。我无法推辞,去了,结果也糟透了。我真的很容易开罪人。要是面对的是一大伙人,那更糟。这正是我害怕的,把你为我在这建立的友谊一笔勾销。"

历史真相是,校长的晚宴,张小姐熬夜,竟然睡过了头,错过了。

"驻校作家"本有office hours给学生的,她也难得见人。关系搞得不好,一年过后没有续约。

1967年4月,张爱玲以翻译晚清小说《海上花列传》的项目,获得美国波士顿剑桥瑞德克利夫学院驻校作家的位置。

她带着瘫痪的赖雅一同上路。

波士顿的表亲来探望。

赖雅别过脸去,请求亲人离开——他那样没有尊严地躺着,过渡着自己的肉身,是他无法忍受的。

生存一直是悬在张爱玲头顶上的一把刀子。

赖雅生病,瘫痪在床上,她要养家糊口,要做看护,要做厨娘,她以一贯的笨拙,努力维持着。用完了所有的力量,磨损了不够丰盛的感情。

同年10月8日,赖雅去世,享年七十六岁。

曾经的哈佛学霸，好莱坞的宠儿，在波士顿，化作了一坛骨灰。

这个世界上，曾经最爱她的那个人走了。

时隔四十八年，也是 10 月，我到达波士顿机场。

哈佛大学中国中心的宗蔚冰小姐已等候多时。

草草吃了汉堡，驱车去哈佛大学。

哈佛大学，关于张爱玲的档案如斯：

"赖雅太太 1941 年在港大的教育被战事中断，从此译著不断，有两个短篇小说集和散文等无数中文作品，《赤地之恋》及《秧歌》两部英文小说完成于 1955 年，现致力英译 19 世纪的《海上花列传》，她与她的作家先生赖雅 Fedinand Reyher 居于剑桥。"

1967 年 4 月，张爱玲来到哈佛大学的姐妹学校瑞德克利夫研究所，聘约一年。

住址：美国剑桥布拉图街 83 号 43 公寓，署名爱玲·张·赖雅。

美国著名诗人朗费罗的故居也在附近。

这一年，她的英文版《北地胭脂》在英国出版。

从完稿到出版，其间隔了十年。

书出版后,评论不佳。

甚至有评论说:"里面的每一个人物都令人恶心。"

张爱玲的文学价值观,在英语世界被拒签——一个黑色的图章直接打在张爱玲的脸上。

张爱玲高估了英语世界对中国的想象。或者,他们对中国的想象只能是赛珍珠、韩素音式的。而林语堂,得到过赛珍珠的亲炙,懂得如何调味,是另一种模式。

关于《北地胭脂》,哈佛大学文学博士司马新说,赖雅按美国读者的口味给予过指导,但张爱玲轻易不接受别人意见的。她不愿意讨好。

第四章

活着,就要写下去

十年一觉。

1968 年。闰年。

这一年,整个世界风云激荡。

捷克斯洛伐克国内展开了一场政治民主化运动,称为"布拉格之春"。以苏联及华约成员国武装入侵捷克斯洛伐克告终。

马丁路德·金在孟菲斯举行的群众集会上发表演说。第二天,他在宾馆阳台被刺杀。

美国前总统约翰·肯尼迪的弟弟,联邦参议员罗伯特·肯尼迪在洛杉矶的大使酒店遭枪击身亡。

这年 7 月,向来不轻易见人的张爱玲,接受了台湾记者殷允芃的访问。

这是她对自己命运的一个安排——

尝试着重新回到母语的语境。

她已经不迷信卦书了。

那晚，雨势稍歇。

殷允芃和同伴王青云撑着伞，越过哈佛广场，去张爱玲的公寓。

进得门，但见起居室一个小小的书架上，摆着半壁英文书，右边一本本《红楼梦》，窗旁的书桌上，散乱着剪报，一本翻开的《红楼梦》，一张所得税的表格。

张爱玲说："我喜欢纽约，大都市，因为像上海。郊外的风景使我觉得凄哀。坐在车上，行过旷野，渺无人烟，给我的感触也是一种荒凉。我还是喜欢走在人多的地方。"

人生的结局总是一个悲剧，但有了生命，就要活下去。人生，是在追求一种满足，虽然往往乐不抵苦。

只要活着，就要不停地写。

写得很慢。

写的时候，全心全意地浸在里面，像个怀胎的妇人，走到哪儿就带到哪儿。

她看的第一本英文小说是萧伯纳的。那时她十三岁。

一个作家，如果一味模仿自己早期成名时的作品，是件很悲哀的事。譬如海明威的晚年作品，她说，漫画似的，竟像是对以前的一种讽刺。

写小说，要对所写的事物有了真感情，然后才下笔写。写

《秧歌》前,她曾在乡下住了三四个月。

那时是冬天。

"这也是我的胆子小,写的时候就担心着,如果故事发展到了春天可要怎么写啊?"

《秧歌》的故事,在冬天就结束了。

她看书没有一定的系统或计划,唯一的标准,是要能把她带入一个新的境界,见识新的事物或环境。

她的阅读范围很广,无论是劳伦斯、亨利·詹姆斯、老舍或张恨水,她都一视同仁。

没有兴趣的,即使公认的巨著,她也不去勉强。

她如午夜精灵,走出走进,张罗茶点。煮了浓咖啡,搬出核桃甜饼、花生米,还上了两杯白葡萄酒,可是却找不到咖啡勺,一迭声抱歉道:"真对不起,汤匙都还放在箱子里没打开。反正也在这儿住不长久的,搬来搬去,嫌麻烦。"

《红楼梦》之外,张爱玲喜欢韩邦庆先生的《海上花列传》。这是第一部用上海话和苏州话写成的小说,出版于1894年。她不确定,西方读者是否能接受这本曾经两度被中国读者摒弃的书。

可是,做哪一件事不是冒险的呢?

我常常觉得我像是一个岛。

出得张爱玲公寓,已是午夜。两个女孩子激动得不行,因为见到了女神。她们一路跑着跳着地赶上了最后一班开往波士顿市中心的地下铁。

那一年,日本作家川端康成以《雪国》等作品获得了诺贝尔文学奖。

"你好呀,这里是江月。

"穿过县界长长的隧道,便是雪国。夜空下一片白茫茫。火车在信号所前停下来。"

这是《雪国》的开篇。

2014年9月23日,波士顿已有很深的凉意。

黄昏,我穿过哈佛大学法学院的百年橡树,羚羊一般跳跃着跨过马路,目标:对面,RADCLIFF 学院。

学院里,英国风的建筑,清水红砖,镶嵌着白色的线条。院落一隅,一座喷泉,安置着长椅,《小妇人》的场景。引路的宗蔚冰,玲珑的身材,顺势在长椅上一靠,道:"张爱玲走了没多久,女子学院就合并了,没有了。"

1967年10月8日,张爱玲在这里为赖雅送终。年薪也由5000元减为3000元。

1968年8月底,张爱玲从45公寓搬到"同宅较小的"43公寓。为了节省开支。

邻居、诗人朗费罗云：

"我向天空射了一支箭，很久很久以后，我在一棵橡树上找到了那支箭。"

四下张望，似乎要找出赖雅和张爱玲在这个院子的蛛丝马迹——她会把赖雅葬在橡树下面吗？还是把他藏在了一个中国的青花瓷瓶里？

赖雅死后，张爱玲拍过一张照片。齐耳的短发，光洁的额头，一缕碎发垂在颈背。

那一年，她五十七岁，急景凋年，一连串的蒙太奇。

岁月如杀猪刀，刀刀见痕，毫不手软。

但她用一抿嘴的微笑，挽住了荒芜。

张爱玲早有预言："人生是残酷的。看到我们缩小又缩小的，怯怯的愿望，我总觉得有无限的惨伤。"

暮霭四合，刚下过雨，小径上湿漉漉的，满目都是她的句子，她撑着雨伞，抱歉地走来，消逝在传说里。

每个人的生命，都会下雨。

起身，去哈佛燕京图书馆。

继续寻找张爱玲文学轨迹的重要证据。

1968年深秋，也是哈佛燕京图书馆的底楼——古典小说的书架旁，张爱玲与哈佛中国古典小说研究专家、曾任哈佛东亚系系主任、哈佛燕京学社第五任社长的韩南教授（Patrick D. Hanan）不期而遇。在说到《红楼梦》时，两人都有知音之遇之感，相谈甚欢。

她谈起正在翻译的清末小说《海上花列传》。

她说：《海上花列传》真是好！像《红楼梦》一样好！

他们靠在书架旁，高山流水，不觉已是黄昏。

临别，她借走了韩南教授的《金瓶梅探源》。

韩南邀她给《哈佛亚洲研究学报》（Harvard Journal of Asiatic Studies）写论文，她竟写成一本文学考据集子《红楼梦魇》。

张爱玲写信给庄信正道："我趁这时候借书方便，写几篇《红楼梦》考证。"（庄信正《张爱玲庄信正通信录》第334页，新经典文化有限公司2012年9月版）

波士顿的春，素来幽居的张爱玲，邀请韩南和太太到剑桥布拉图街83号43座，她的公寓便餐。席间赠送了英文版《北地胭脂》（The Rouge of the North）。

张爱玲从母亲的箱子里选了一个绣花荷包，送给韩南夫人。那是李鸿章女儿——她祖母的家传之物：双面金丝线的底子，重重叠叠的花卉中，一只红冠白羽的雄鸡，闲庭信步。

那个春天，韩南说夫妇都很忙，等到打算回请张爱玲时，她已离开。

1977年《红楼梦魇》出版,张爱玲特地寄给韩南教授。

2005夏和2006春,韩南来到燕京图书馆,将张爱玲的绣花荷包和有她手迹的珍本书《北地胭脂》《红楼梦魇》等交给学者张凤女士,托请为这些珍贵的物件找一个好婆家。

如此郑重其事的委托,张凤不知如何是好,生怕闪失贻误。

多方咨询,几番思量后,柏克莱大学东亚图书馆周欣平馆长决定,永久珍藏李鸿章家族的绣花荷包;哈佛燕京图书馆珍藏张爱玲签名且亲笔订正过的《北地胭脂》和《红楼梦魇》。

起风了。

  离开哈佛大学,开车去超市,买了波士顿龙虾,做了龙虾色拉和龙虾泡饭。

  在宗蔚冰小姐的餐桌前,面朝港口的夜景,啜着香槟,为自己,也为波士顿的张爱玲。

  为了去寻找那支射出去久远的箭,宗蔚冰小姐陪我去盛产文化巨人和怪人的康科德镇。

  车子开出哈佛,公路两边的树叶开始泛出秋意,一层红色,一层金黄,一层青色,彼此迟疑着,半推半就。

  路旁,高耸着的一块指示牌,一栋白色的小楼,著名的爱默生故居。

1995年9月15日，新加坡璧山区，我在居住的公寓楼下，一家小书店，买了张爱玲翻译的《爱默生选集》。

随后，去美国大使馆签证。

签证官看了我的资料，进去倒了一杯咖啡出来，在我的护照上盖了拒签的印章。

我等了十九年。等与张爱玲、与爱默生相遇的一刻。

这本《爱默生选集》，从新加坡跟随我回到上海。始终不离不弃。

张爱玲在翻译这本书时，肉身在香港，她用她的文字与这位伟大的学者交往过了。

1834年起，子承父业，爱默生在波士顿当牧师，用微薄的收入在小镇通往波士顿的公路边买了这栋房子，房子里充满清教徒简朴、肃穆的气息。

默默地穿行在一个一个的房间里。

不许喧哗，不许拍照，时刻小心脚下腐朽的地板。

墙上有一张妇人的肖像，那是爱默生的第二任妻子，她活得很长久。但是在爱默生的日记里，关于她，只有一行字。

书房的窗下，一架琴，如同一曲古老的歌谣。

波士顿上流社会视爱默生为异端。

剑桥的神学家们则说他是泛神论者和日耳曼式的神秘论者，说他的风格是类似"新柏拉图的月光"的东西。这里的"月光"，在英语里指的是废话、大话。

爱默生是美国思想与文学的"《独立宣言》"。

他放弃了一切机会，割舍了唾手可得的名利，不追逐世俗蝇营狗苟的东西。他有他的追求，那就是他认为的世间美好的东西。这种追求出自本能，有它内在的逻辑。在这一点上，他与张爱玲的精神同构。

张爱玲在翻译爱默生的同时，也翻译了梭罗的部分文字。

这是一个不可思议的小镇，思想家、文学家爱默生，哲学家、诗人梭罗，《小妇人》的作者路易莎，《红字》的作者霍桑几乎都是邻居。

1845年3月，梭罗向爱默生借了一柄斧头，来到瓦尔登湖边的森林里，在爱默生的领地里，用壮年的白松，建造了一座小房子。在那里，他以一种与时代极端不合作的态度，开始了几近原始人的生活，并且开始写日记。这些日记，构成了著名的著作《瓦尔登湖》。

10月22日，梭罗日记：

"为了独处，我发现有必要逃避现有的一切——

"我逃避我自己。我怎么能在罗马皇帝装满镜子的居室里独处呢？我要找一个阁楼。一定不要去打搅那里的蜘蛛，根本不用打扫地板，也不用归置里面的破烂东西。"（《梭罗日记》第2页）

这几乎是梭罗四十四岁短暂生命的自我画像，也是张爱玲晚年的生活肖像，文字中的"独处""阁楼""蜘蛛"等词语，充满精神层面上的意向，与张爱玲的孤岛、阁楼疯女人、虫患历历对应，丝丝契合。

日后张爱玲的状态，是对梭罗的强大的模仿。

与张爱玲一样，我也是一个城市的动物，对乡间的生活，仅只蜻蜓点水。

在康科德镇逗留了一个下午，体内血糖指数偏低，我们决定去城里吃饭。

车开得很慢，继续着张爱玲的路线。

1957年7月，赖雅夫妇在波士顿的派克饭店（Parker

House）住了五天。他们在哈佛大学图书馆做了一些研究工作，访问了赖雅的亲戚，在百货商店选购咖啡、腌肉、鸡蛋，品尝了新英格兰风味的海鲜浓汤、波士顿龙虾卷。还去了港口的"茶党博物馆"，绣花桌布前，伯爵茶配松饼，一大块即将融化的黄油，夫复何求。

语词事件，毁了妆容

张爱玲也知道自己谋生条件之不足。

她写信给夏志清先生说："我并不光是为了没有学位而心虚，不幸教书不仅是书的事，还有对人的方面，像我即使得上几个博士衔也没用。"

张爱玲还说："我找点小事做，城乡不计。"

姿态已经放得很低。

通过夏先生等朋友的一番运筹，1969 年，张爱玲找到了一份虽然不一定适合她性情与兴趣，但待遇十分优渥的工作：伯克利大学中国研究中心的研究员。具体研究课题是解释中共政治术语。她的顶头上司是中国文学教授陈世骧。

陈教授是夏志清教授的旧识，出身北京大学，早在 1949 年前就落户美国，在加州大学的中国研究圈享有"元老"的地位。他的专业是中国古典文学。他著作不多，无博士学位，但人脉极广，很"吃得开"。

20世纪50年代末，夏公的哥哥夏济安在美做"交换学者"，期满后决定不回台湾。他当时是台湾大学外文系的名教授，到了美国，没有博士学位的他，也曾历尽艰辛。

陈世骧在伯克利的"中心"为夏济安先生找到避难所。

在"中心"的研究工作，就是以大陆报刊或参考数据中新出现的名词术语为基础，然后就此引申、解码。夏济安接了这份差事，为稻粱谋，结结实实地写了好几篇"解码"文章。

1965年2月23日，夏济安在伯克利中风逝世后，庄信正博士补上了空缺。庄信正谋到新的职位后，推荐了张爱玲。

陈世骧教授亲自给张爱玲发函，请她担任高级研究员。

张爱玲从波士顿回到阔别十年的旧金山。

再回旧金山，孤单一人，身边已经没有了赖雅。

此番，张爱玲接受的研究任务是，研究"中共'文革'术语"，进行意义解析。

尽管在迈阿密和波士顿，张爱玲因为不懂人情世故，过得并不愉快，但到了旧金山，张爱玲照样我行我素。

她不按时去上班，往往黄昏才去研究中心。

同事下班了，她一个人在办公室熬夜。同事们难得见到她，也不知道她究竟在做什么，只能在幽暗的走廊里，匆匆一瞥。

离群索居已经成了她的标签。

一次，陈世骧在家中宴请张爱玲，特地请了几位晚辈学生陪同。

张爱玲是座上宾，一如既往地沉默。

为免除静默的尴尬，陈夫人特地过来陪坐，她也只偶尔应一声。无论是听人讲话，还是自己说话，一概免去眼神、免去面部表情——一具肉身的雕塑。

她只活在自己的世界里。

以后，任陈氏夫妇怎么邀请，张爱玲均婉言拒绝。

助手陈少聪，每隔几个星期，将一沓做好的资料卡用橡皮筋扣好，趁张爱玲不在的时候，放在她的桌上，上面加小字条。

为了体恤她的习惯，陈少聪采取了一个新的对策：每天张爱玲到达之际，陈少聪便避开，去图书室或找人聊天，直到确定张爱玲已经稳妥地进入了她的孤独王国之后，才回到自己的座位上。

张爱玲感冒，请了假。

陈少聪打电话问候，又跑去药房配了几服埃及草药给她送去。为了不打扰，摁了几下门铃，把药包放在门口就走了。

几天后，张爱玲来上班了，什么话也没说。陈少聪却发现，桌上有一张感谢卡，一瓶香奈儿五号香水。

她和她只是隔着一扇挡板，却如隔着一道河，水从中间流过。

她在"中心"的工作，是研究中国"文革"的新名词。

偏偏那两年情形特殊，新名词不多。

张爱玲只好写了篇文章讲"文革"定义的改变，追溯到报刊背景的改变，最后附了两页名词。

这篇报告，陈世骧给了"中心"几位英文学者阅读，都说看不懂。

张爱玲拿回去通篇改写后，陈教授仍说不懂。

据夏志清回忆，陈世骧看到她递交的研究报告，"所集词语太少，极为失望"。

两人因此起了争执。

以下张、陈一段对话，深刻表达了张爱玲的性格。

原文转述。

第一人称为张爱玲——

我笑着说："加上提纲、结论，一句话读八遍还不懂，我简直不能相信。"

他（陈教授）生了气说："那是说我不懂咯？"

我说："我是说我不能想象你不懂。"

他这才笑着说："你不知道，一句话说八遍，反而把人绕胡涂了。"

我说:"要是找人看,我觉得还是找 Johnson(主任),因为(中心)就这一个专家。"

他又好气又好笑地说:"我就是专家!"

我说:"我不过是看过 Johnson 写的关于'文革'的东西,没看过 Service 写的,也没听他说过。"

陈世骧沉默了一会儿,草草结束了谈话。

不久,张爱玲收到了解聘的通知书。

这就是著名的"词语事件"。

天才降落在尘世是危险的。

张爱玲的社交能力始终处于幼稚状态。

夏志清教授说:"假如世骧并无恶意地叫爱玲去编一本 glossary,她多看报刊之后,发现了那年的'名词荒',大可征求他的同意去改写一个题目的。只要她同世骧、美真兄嫂保持友善关系,什么事情都可以商量的,何况只是一个题目?……但世骧专治中国古代文学与文学理论,张爱玲的作品可能未加细读。作为一个主管人,他只看到她行为之怪僻,而不能用欣赏她的文学天才和成就去包涵她的失礼和失职。在世骧看来,她来中心两年,并未在行动上对他表示一点感激和敬爱;在研究中共词语这方面,也可能从未向他请教过,只一人在瞎摸!最后写的报告,他也看不懂,glossary 只有两页,还要语言顶撞!迁怒之下，陈教授把她'解雇'了。世骧对爱玲不满意，曾在我面前表示过。"

"中心"里的主管和研究员都真是中国通。

张爱玲的一举一动，极受注意。

她日里不上班，早已遭人物议。一旦解雇，消息传遍美国，对她极为不利，好像大作家连一篇学术报告都不会写。

这是张爱玲"在美国奋斗十六年遭受的最大打击"。

她的天分，别人是看不见的。

造物主让她成为天才，也让她在人世间受苦。

母亲说："我懊悔从前小心看护你的伤寒症，我宁愿看你死，不愿看你活着使你自己处处受痛苦。"

字字诛心！

4月，张爱玲接到了书面通知：她的工作到6月底结束。张爱玲不愿意接受这样的结局。她执意要完成委托的论文。岂料1971年5月23日，陈世骧心脏病猝死，文章交付的对象消失了，张爱玲失去了证明自己的机会。妆容尽毁。

张爱玲执拗，一直保存着论文，希望能够有人读到它们，并给出公道的评价。

论文分为《"文革"的结束》《知青下放》等部分。

1992年2月25日，张爱玲在讨论遗嘱的信函里表示："还有钱剩下……用在我的作品上,例如请高手译。没出版的出版,如关于林彪的一篇英文的,虽然已是明日黄花。"

这些论文能否出版,是文学遗产继承人宋以朗的工作了。

两个人的新闻发布会

丢掉工作，很受伤。

她不甘心。

她用行动掩埋失败和痛苦。

她出手了。

1971年6月10日，张爱玲写信给夏志清，交代"词语事件"的前因后果后，道："但无论怎样不让它影响情绪，健康很受影响，预备找水晶来。"

水晶是幸运的，没有早一步，也没有晚一步，正好在张爱玲难挨的时刻，准备人生掉头的时候出现了。

就这样，他见到了张爱玲。

通过水晶的笔，世人再次见到了张爱玲。

她很瘦。尤其是两条胳臂，"清晖玉臂寒"。她的脸庞很大，保持了胡兰成所写的"白描的牡丹花"的底子。眼睛也大，"清炯炯的，满溢着颤抖的灵魂，像是《魂归离恨天》的作者艾米莉·勃朗特"。

她一天只吃半个英国蛋糕。以前喜欢吃鱼，因为怕血管硬化，遵医嘱连鱼也不吃了。于是成了如今最时尚的骨感女子。

她微仰着脸，穿着高领青莲色旗袍，斜插着身子坐在沙发上，头发是"五凤翻飞"的式样。

知道水晶订婚了，她预备了一份礼物：一瓶8盎司的香奈尔五号香水。她偏爱这个牌子。

她殷勤问水晶要不要喝点酒，是喜欢味美思，还是波旁酒，因为一个人家里，总得预备一点酒，她说。

水晶说不会喝酒，她便去开了一罐可口可乐。

她也还是不会做家务，开一个罐头，很费力的样子，令人担心会扎破了手。

因为是在家里，话题很是散漫。

她说，她还有一个笔名，叫梁京。梁山伯的梁，京城的京。

《十八春》在初次问世的时候，便是用这个笔名发表的。那时，那样的历史氛围里，她用沦陷期的盛名"张爱玲"，已无法发表作品了。

她喜欢看章回小说，她的小说，跳过五四文化，接续传统白话小说《红楼梦》《金瓶梅》。

她看《歇浦潮》是在童年。

"圆光"这一段，似是顺着下意识滑进《怨女》书中去的，写《怨女》时，手边并没有《歇浦潮》作参考。她还记得书中写得最好的是贾少奶、贾琢渠、倪俊人的姨太太无双。

她起身，走到厨房里，替自己泡了一杯速溶咖啡。她用茶匙搅动着，搅得很慢。又替水晶端了一杯来。她说一向喜欢喝茶，不过在美国买不到好茶叶，只有改喝咖啡。

从《歇浦潮》，谈到了《海上花列传》。

她道：像《红楼梦》有头没有尾，《海上花列传》中间烂掉一块，都算是缺点。

遇见对的人，她很健谈。

早年的东西，她都不大记得了，离开上海的时候，不敢带出来。《半生缘》最近重印过一次，记忆还算新；《倾城之恋》并没有觉察到"神话结构"这一点。她是反高潮的，追求平淡和自然。

她每篇小说的意象，安排得好，和整个故事的结构、人物都有关系，有时是嘲弄，有时是一种暗示性的"道德批判"，很少有人能够将意象的功效，发挥得像她这般精妙的。

《第一炉香》里，薇龙的姑妈梁太太一出场的时候，面纱上爬着一粒绿宝石蜘蛛，后来薇龙进入宅第后，"一抬头望见钢琴上面，有一棵仙人掌，……那苍绿的厚叶子，四下里探着头，像一窠青蛇；那枝头的一捻红，便像吐出的蛇芯子"。

园游会过后，薇龙陪同姑妈一同进餐，因为彼此找到了新的男朋友，心里欢喜，嘴里说不出来，两人同时割切着冷牛舌——这牛舌头像唐人绝句里的"鹦鹉前头不敢言"，产生了极深的嘲弄意趣。

闻水晶如是说，她道，我的作品要是能出批注的版本，像脂本《红楼梦》一样，你这些评论就像脂批。

水晶受到鼓励，当真批点起来。

张爱玲闻言，满心欢喜，笑出声来。笑声软糯，是小女孩的那种笑声，令人完全不敢相信，她已经活过了半个世纪。

随即谈到了《红玫瑰与白玫瑰》。

《传奇》里的人物和故事，差不多都"各有其本"的，也就是她所谓的 documentaries，红玫瑰表面上像个"坏"女人，其实很忠厚，作者对她非常同情；而佟振保却是个道道地地的伪君子。佟振保是个保守性的人物。他深爱着红玫瑰，但他不敢同她结婚，在现实与利害的双重压力下，娶了白玫瑰。其实他根本用不着这样瞻顾的，结果害了三个人，包括他自己在内。写完了这篇故事，觉得很对不住佟振保和白玫瑰，这两人她都见过，而红玫瑰只是听见过。没有道德制裁。都是人情世故的不得已。

当她已经喝完第四杯咖啡的时候,话题转到五四以来的作家。

喜欢阅读沈从文的作品,这样好的一个文体家。

老舍还是短篇精彩。

鲁迅,很能暴露中国人性格中的阴暗面和劣根性。这一种传统等到鲁迅一死,突告中断,很是可惜。因为后来的中国作家,在提高民族自信心的旗帜下,走的都是文过饰非的路子,只说好的,不说坏的,实在可惜。

关于作品留传的问题,她感到非常不确定。因为似乎从五四一开始,就让几个作家决定了一切,后来的人根本就不被重视。她开始写作的时候,便感到这层困扰,现在困扰是越来越深了。

她想要写的东西太多太多。

"又譬如美国人的事情,我也想写的"。

"我写的东西,总得酝酿上一二十年"。

譬如《色,戒》。

写作的时候,是非常高兴的,写完以后,简直是"狂喜"!她用嘹亮铿锵的音调,说出"狂喜"两字。

这次会面，持续了7个小时。她说的，像这样的谈话，十年大概只能一次！又说朋友间会面，有时终生只得一次。

水晶捧着张爱玲亲笔题赠的《怨女》英文本，和香奈儿五号香水，下得楼来，站在街边，已是凌晨。仰面，看着张爱玲公寓的小阳台，看着窗内黄晕晕的灯光，一时间，他觉得张爱玲如一只蝉，薄薄的纱翼虽然脆弱，身体的纤维质素却很坚实，潜伏的力量也大，藏到柳荫深处，夏天正午的蝉声，……吱……吱……吱，栖高声自远。

那一年，1971年，诺贝尔文学奖得主：智利诗人聂鲁达。

聂鲁达有诗云：

"旅人自问，是不是浪费了光阴，行至更远处，却又回到起点悲叹，耗掉一份故我，再度告别，再次启程。"

一夜，就是一个世纪。

这次采访，是张爱玲自编自导的一个新闻发布会。

五十一年来，面对外界，她第一次如此酣畅淋漓自我告白，让渡隐私；她成功地担任了自己的新闻发言官——

修正美国梦。

回归传统，回归母语写作。

2014年9月2日中午，我经过张爱玲在布什街的旧居，乘坐 BART 红线，去旧金山湾区，继水晶之后，拜访这个物理空间，张爱玲个人历史的拐点。

地址是从哈佛大学档案馆获得的。

加州柏克莱杜伦街 2025，307 公寓。

绿灰色的建筑，下午四点钟的阳光。

小小的庭院，一洼碎石，几棵绿色植物，一盏老旧的吊灯。

狭窄的电梯。

上得三楼。

307 室。

门口一块擦脚垫。

悄无声息。这是张爱玲喜欢的氛围。

轻叩房门，没有声息。

我倚在门上，拍照留存。

慈禧太后不愿意拍照，害怕灵魂被摄走。

我希冀张爱玲的灵魂能够进入我的相机。

电梯门开了，一位中年男士走过来，疑惑地看着我。

我说明来意，他惊讶道："我就住在 307 室。我不知道你说的这位女士，不过总有什么人知道的。"

我问："可以进去看看吗？"

他道:"当然可以。"

他开了门,喃喃道:"抱歉,屋子很凌乱,请不要介意。"

没有会客区。越过门厅,便是卧室。

落地窗,面朝杜兰街。

窗外,一个大工地,正在盖新的建筑。

床的周围,一排书架,书太多,彼此挤在一起,唯恐落下来。手工制品与厨房的杯碟参差错落地搁置在架子上,似乎主人从来不曾使用过。

墙上一张画报,是诗人艾伦·金斯堡(Allen Ginsberg)和杰克·凯鲁亚克(Jack Kerouac),背景是旧金山城市之光书店(City Lights Bookstore)——垮掉的一代的发源地、大本营,"反叛文化"的路标,在如今多元文化和信息的冲击下,依然傲然屹立。

"City Lights Bookstore"位于美国旧金山北海滩,中国城和意大利区的交界处,是张爱玲和赖雅经常散步买食物的地方。如今,依旧有中年人站在城市之光书店的玻璃窗前,凝视着《在路上》的封面,缅怀曾经骚动的青春。

空间逼仄,也不便让座,我们就站在这张海报前。

他叫 Michael Ryder,在附近医院工作。张爱玲居住在这里的时候，他才刚刚出生。

他爱文学，爱电影，看过李安导演的电影《色，戒》，只是不知道这是根据张爱玲的小说改编的。

对我，特地从中国跑来此地寻访一位在美国默默无闻的已故女作家，他十分惊讶。

他说，他愿意在方便的时候为我做一些搜寻工作，譬如当年张爱玲的邻居状况，当年的房租情况。

离开杜兰公寓，沿着别墅区，步行去圣保罗大街（San Pablo Ave）。

1969年7月20日下午，张爱玲抱着一架小电视机，在圣保罗大街上跌跌撞撞，满脸茫然。恰巧她的上司陈世骧开车路过，停车问："你在这里？"

张爱玲抱歉地啜嚅道："刚买了电视机准备看登月转播，可是找不到汽车站了。"

2014年9月3日下午，我在寒风里，走了十二个街区，跟踪张爱玲一路来到这里。站在圣保罗大街的路牌下，我对张爱玲说：

"我从上海到旧金山，一万多公里，远山远水来看你，因为你曾来过。"

无论我,无论张爱玲。我们都回不去了。

晚上,回到酒店,读张爱玲的《私语》:

"年初一我预先嘱咐阿妈天明就叫我起来看他们迎新年,谁知他们怕我熬夜辛苦了让我多睡一会,醒来时鞭炮已经放过了。我觉得一切的繁华热闹都已经成了过去,我没有份了,我在床上哭了又哭,不肯起来……人家替我穿上新鞋的时候,还是哭——即使穿上新鞋也赶不上了。"

是的,我也没有赶上。

张爱玲云:

"每次想起茫茫人海中,

我们很可能错过认识的机会——太危险了。

命运安排多好。"

风继续吹。

有轨电车一班又一班,叮叮当当,不紧不慢,穿梭在起伏的坡道上;没有车水马龙市井人声,隔壁张爱玲,如何睡得着?

重回中文文坛

因为"词语事件",张爱玲再度失业。

她是如何离开旧金山的,人们不得而知。

她是隐身人,向来不辞而别。

1972年5月,张爱玲托庄信正帮她租房,这一次,她搬到了洛杉矶。

2014年9月,我到达洛杉矶,租住在星光大道边上,一个粉蓝色的小酒店,当年玛丽莲·梦露还是一个小角色的时候,经常下榻的酒店。

1962年5月19日,梦露在麦迪逊公园广场上为约翰·肯尼迪总统演唱生日歌时,张爱玲用英文发表了访台记事《重回前方》。

是晚,一弯月亮高高地悬挂在酒店不远处的好莱坞山上,清如水,明如镜,仲秋的遥远的梦,仿佛听见张爱玲的声音从1944年的民国渺渺地飘过来:

"书再版的时候换了炎樱的封面,像古绸缎上盘了深色云头,又像黑压压涌起了一个潮头,轻轻落下许多嘈切喊嚓的浪花。细看却是小的玉连环,有的三三两两勾搭住了,解不开;有的单独像月亮,自归自圆了;有的两个在一起,只淡淡地挨着一点,却已经事过境迁——用来代表书中人相互间的关系,也没有什么不可以。

"炎樱只打了草稿。为那强有力的美丽的图案所震慑,我心甘情愿地像描红一样地一笔一笔临摹了一遍。生命也是这样的吧——它有它的图案,我们唯有临摹。所以西洋有这句话:'让生命来到你这里。'这样的屈服,不像我的小说里的人物的那种不明不白,猥琐,难堪,失面子的屈服,然而到底还是凄凉的。"(原载于1944年9月上海杂志社出版《传奇》再版本)

第二天清晨,在酒店里吃了面包圈和煮鸡蛋,握着酒店经理为我打印出来的地址,去寻找张爱玲的遗迹。

气温高达38摄氏度,走在光芒四射的加州阳光下,体内的水分很快地蒸发。

几番问路,在一个坡道上,兑现了这个地址:

1825. N. Kingsley Drive, Hollywood, Apt. 305, CA 90027

底楼，一个西班牙风格的公共客厅，镂花窗格下，一圈提花布料沙发。

赭红木质楼梯，指示着张爱玲的方向。

不愿径直上楼，拖延着这个迟到的遇见。

把沙发移到305信箱旁，等待张爱玲下楼来取件。

在洛杉矶，她依赖信箱与世界联系。

落地窗外，种有棕榈树的院落，鸟儿啾啾，拖着细巧的身影，在方格地砖上寻觅午餐。

一位先生，穿一件亚麻衬衣，他过来，小心地问："你是在找张爱玲？"

我立时从沙发上跳起来："您认识张爱玲？"

他道："我见过张爱玲。我就住在张爱玲隔壁。前些天，有香港电视台的人来此拍摄张爱玲，我看你像中国人，所以猜想，你也是在找张爱玲。"

他叫戴维，他把我让进了他的公寓。

一房一厅，阳台上，可以看见好莱坞山，国会唱片公司。

戴维说："20世纪七八十年代，这栋公寓，在张爱玲居住的时代，算是高级的酒店式公寓了。好莱坞许多著名编剧、导演都曾在这里留下过生命的印记。我曾经也是好莱坞的编剧。"

迫不及待地问张爱玲。

戴维说:"她不会主动与人打招呼,也很少出门,经常穿宽松的棉布袍子,蓝色的最多。"

戴维道,那时他是英俊青年,不会对一位中年妇女多加注意。现在,来找张爱玲的人多了,他也开始研究张爱玲,邮购了张爱玲的英文小说,也看了李安导演的电影《色,戒》,他正在学中文,不过进展很慢,因为他得了癌症。

他一直把我送到大门口,并拍照留念。

根据记载,张爱玲在这栋公寓,只接待过庄信正夫妇。

1974年6月末,庄信正将离开洛杉矶,张爱玲得知消息后,邀请他们来公寓喝茶。

晚七点四十五分,庄信正夫妇到达。管理员听说是拜访张爱玲的,十分高兴,她热心地告诉庄信正,张爱玲出去了,并且一再说,希望有人经常来看望这位中国女子。也许,在管理员看来,张爱玲实在太孤单了。

庄信正夫妇坐在我坐的沙发上,每隔十分钟,去按一次门铃。

八点四十分左右,张爱玲应声开门。她很惊讶地看着门外站着的庄信正夫妇。她以为她约的是第二天。

她忙不迭地把年轻的夫妇让进客厅,手忙脚乱地泡咖啡,舀冰淇淋。

一番张罗以后，她拿出了家族照相本，给年轻夫妇看。后来，这本脱了线的照相本，成就了张爱玲的最后一本书《对照记》。

宾主相谈甚欢，一直到凌晨三点多。

张爱玲为了感谢庄信正，送他一枚钱币，是王莽时代的古董，其中一面已被岁月磨平了。

庄信正以为太贵重，坚决不受。

一夜未眠。

第二天一早，庄信正买了一本相簿，请公寓管理员转交给张爱玲，然后开车离开了洛杉矶。

这是庄信正与张爱玲的最后一面。

这栋公寓，是张爱玲在美国四十年最重要的文学场域。

1973年8月16日，张爱玲第一次在信中提到自己的疾病，因为长期失眠，她不得不大量服用安眠药，从而产生副作用，比如耳鸣之类。

她一直很忙。

所忙，自然还是写作。

她以一种还债的心情写作。她自己欠下的债。

于她，唯一的道路，便是文字抵达之路。

1976年春，她写完了18万字的自传体小说《小团圆》初稿；出版了《红楼梦魇》《色，戒》《惘然记》《浮花浪蕊》《相见欢》《"五四"遗事》《张看》及《海上花列传》汉语评注翻译；《半生缘》《倾城之恋》被搬上荧屏；发表了一系列散文随笔，稿费超过了此前梁实秋保持的最高纪录，创出了天价。

张爱玲完成了转身——重归中文文坛。

1987年，美籍华裔女作家谭恩美发表了长篇小说《喜福会》。

小说讲述19世纪50年代移民旧金山的四代中国女性家庭的故事。第一代华裔女性，带着在战争中的伤害以及旧中国的记忆来到美国，由于不懂英文，面对不同的文化无所适从，被边缘化，只能在女儿面前坚持着某些传统，发出微弱的声音。

她们的女儿，第二代华裔女性，出生在美国，接受西方教育，她们的美国梦就是希望确定自己的美国身份，中国文化、中国家庭模式被默认为别人的文化。"如果你展示一张脸，就必须牺牲另一张脸。"在美国人眼中，华裔美国人是他者，而在中国人眼中，她们也是他者，她们的身份在两种文化的双重边缘下陷入一种尴尬的境地。

作家谭恩美自认是夹在两个世界中间的女性。

作者渴望在中西方文化中寻求自我的整合，以确立自洽的族裔文化身份。作者采用中国传统章回小说的结构加心理学的四季理论,并加入大量中国文化中的族规、卜卦、图腾、巫术、崇拜、妻妾成群等图景,契合了西方对古老东方神秘的想象,也契合了美国人的信仰和价值观。

作品甫一出版即畅销,连续八个月荣登《纽约时报》畅销书排行榜,旋即被改编成电影,影响深远。

而在张爱玲看来,无论赛珍珠、韩素音还是谭恩美,她们作品中的文化是"伪造"的,她们脉脉含情描述的中国社会,是西方世界对中国的想象,是虚假的陶渊明式的神话。张爱玲始终以未被驯化的边缘人的姿态,跳出西方的魔障,执着书写着中国社会的人性。她决绝地想要打破美国人对于中国的幻象,呈现出一个更加真实的今天的中国。

而西方读者,需要的是林语堂笔下的无伤大雅的诙谐幽默,是赛珍珠的对中国人的二元书写,是韩素音精致动人漂亮的人物,是谭恩美的中国神话结构和传奇色彩。

英美出版社给《粉泪》的退稿信大意是:所有人物都令人反感,我们曾经出版过几部日本小说,都是微妙的,不像这样肮脏的、卑劣的。

张爱玲在给夏志清的信里说:"我一向有个感觉,对东方特别喜爱的人,他们所喜欢的往往正是我想拆穿的。"

张爱玲与英语语境的隔膜，成为她书写的困境。

在生存与书写的流亡语境中，张爱玲始终保持了知识分子独立的精神；张爱玲的中国，张爱玲的上海，在英语世界，永远地沉到了大西洋海底。

被英语世界拒绝后，张爱玲用漫长的时间重新认识了母语写作的意义。她不再纠缠，抽身，回归中文，回归中国传统。

至此，她完成了她流亡文学的数学题。

人虫大战

张爱玲是乱世佳人。

从 1983 年开始,张爱玲进入一个自设的乱世。

失眠、皮肤病,成了她的不克敌人。

1983 年 10 月 26 日,她在住了十多年的公寓中发现了跳蚤,日常生活被疾患的重量压迫变形,一如好莱坞电影《星河战队》——

数以千计的外星虫族四面逼近,地球军紧握冲锋枪扫射,人类与外星人相持对阵,激烈、紧迫,电影中,高智商脑虫的参战,更让人类面临前所未有的威胁。

张爱玲去兽医院买了十罐"跳蚤炸弹",无节制地疯狂喷射剿杀,与虫子展开了殊死的搏斗。

人虫大战就此开始。

她开始了离奇的逃亡生涯。

张爱玲这一脉的女性,在人生发生变故的时候,第一反应便是空间移动：逃离、搬家。

张爱玲的出逃是由家族基因决定的，是有历史记录的。

十九岁，她逃离父亲的家：

"伏在窗子上用望远镜看清楚了黑路上没有人，挨着墙一步一步摸到铁门边，拔出门闩，开了门，把望远镜放在牛奶箱上，闪身出去。——当真立在人行道上了！——街灯下只看见一片寒灰，但是多么可亲的世界呵！我在街沿急急走着，每一脚踏在地上都是一个响亮的吻。——真是发了疯呀！随时可以重新被抓进去。"

她要逃离什么？

虫子还是人？

人是更难缠的灾害。

她的成长史，就是一部伤痛和逃离伤痛的小说。

这些伤痛潜伏在体内，时常出来袭击它们的寄主。

在1984年1月22日致庄信正的信里，她写到了这样的状态："……差不多一天换个汽车旅馆，一路扔衣服鞋袜箱子，搜购最便宜的补上，累倒了感冒一星期，迄未痊愈。还幸而新近宋淇替我高价卖掉《倾城之恋》电影版权，许鞍华导演……如果算了，再去找房子，一星期内会猖獗得需要时刻大量喷射，生活睡眠在毒雾中，也与健康有害……"

她此时对环境的敏感以及对虫子的恐惧已经到了非理性的地步：如果发现邮箱里有虫子，当即将所有的邮件扔掉；发现箱子里有虫子，直接将箱子丢掉；发现衣服上虫子停留过，将衣服扔掉。

1984年4月4日，张爱玲写道："我这大概是因为皮肤干燥，都怪我一直搽冷霜之类，认为皮肤也需要呼吸、透气。在看皮肤科医生，叫搽一种润肤膏，倒是避跳蚤，两星期后又失效——它们适应了。脚肿得厉害，内科医生查出是血管的毛病，治好了又大块脱皮，久不收口，要消炎等等。又还在看牙齿，除了蛀牙，有只牙被新装的假牙挤得搬位，空出个缺口，像缺只牙。牙医生说是从来没有的怪事。我忍不住说了声，'我是有时候有这些怪事'。"

搬家最病态的时候，一天换一个汽车旅馆。

天天上午搬家，下午进城，出租车很贵，她选择坐公交车。一趟公交车，单程两个多小时，有时候，回到住处已经是半夜，剩下的时间只够吃一个核桃派。如此荒唐行径，她自己都觉得不可思议。

因为搬得太勤了，又不会开车，东西也就扔得差不多了。

只剩了几个牛皮纸袋，行迹如同乞丐。

在洛杉矶等公交车，如同等待贝克多笔下的戈多，漫长而绝望。太累,在公交车上打盹,遭扒窃而破财。

这样的事情屡屡发生。

那时张爱玲,六十多岁了,却清高,尊严,不肯低下高贵的头颅。

《白鲸记》里有一句话:"大白鲸的白色是它生成孤独的特殊指数。"

张爱玲亦是这条白鲸。

我去过一个公寓,地址是"2025 Aegyle Ave,Hollywood,Apt26,LA,CA"。

这是张爱玲在洛杉矶的第三处公寓,居住时间大约在1984年6月。

公寓品质很差,类似上海20世纪70年代的工人新村,门口堆着被人遗弃的破旧家居用品和装满旧衣物的塑料编织袋。

张爱玲住的单元在二楼。

无人。

从窗子望进去,二十多平方米的房间,厨房和卧房在同一个空间,一条花被子铺在床上,还没有来得及整理,一只黑白相间的猫咪好奇地望着我,无所畏惧。空气中弥散着寒酸的气息。

怔怔地站在门前,只觉得心疼,挪不动步子,眼泪扑簌簌落下来，止也止不住。

离开这个公寓以后，张爱玲越飘越远，越搬越频繁，仿佛血液里有流浪癖。

1984年11月5日，张爱玲在给夏志清的信中提到"虫子"："我因为老房子虫患被迫仓皇搬家，匆匆写张便条寄地址来。"

1984年12月22日，张爱玲在信中称自己一年都没有固定地址："我这一年来为了逃虫难，一直没固定地址，真是从何说起。"

之后三年张爱玲都没有给夏志清写信。

有个说法：从1984年8月到1988年3月这三年半时间内，她平均每个星期搬家一次，算下来搬家多达一百八十次。

流浪生活，持续了四年多，严重地损害了张爱玲的健康。

十九岁的张爱玲，在《天才梦》一文里写：生命是一袭华美的袍，爬满了虱子。

一语成谶！

1985年10月，水晶发表了一篇标题为《张爱玲病了!》的文章，讲的便是张爱玲变态的人虫大战之事。

因为这篇文章，张爱玲终止了与水晶的联系。

水晶再三谢罪，张爱玲横是不理睬。她是亮烈难犯的。

她在1988年4月6日的信中提到去看医生，查出"皮肤过度敏感",用药立刻好了。

据此可猜测,"虫难"也许只是皮肤过敏的瘙痒。

她也准备写篇文章回顾这场"人虫大战"。

"虫难"告一段落。

终于结束流亡生涯,很欣慰。

重新租了公寓。

张爱玲,久违地意气风发,一沓一沓,整理文稿,嘴里哼着《西厢记》:"池塘梦晓,阑槛辞春,蝶粉轻沾飞絮雪,燕泥香惹落花尘……隔花阴人远天涯近……"

蓦地,戛然而止,细细的胳膊悬在半空,微弱的声音被劈成两半——

《海上花列传》译稿不见了,后四十回全不见了!不见了!十年啊!如此怎了得?!天劫吗?曹雪芹的书,也是丢了后四十回。

一个一个箱子地翻找,文稿如雪片在屋子的天花板上飞舞,覆盖了整个地面,脚也软了,她颓唐地坐在纸堆里,魂飞魄散——拿起电话,报警。

她知道,报警很荒唐,但是她必须做些什么。

夏志清教授曾经建议把《海上花列传》的翻译当学术性的读物看待,加一篇导论,夏志清教授写前言,交哥伦比亚大学出版。

张爱玲没有接受建议，后来，她也不提这部《海上花列传》了。

庄信正告诉夏志清，译稿在搬家时丢了，夏志清听了好不心痛——多年的心血全付之流水了……

垃圾事件

《海上花列传》英译稿丢失的伤心事还未平复,却又发生了震动整个文坛的垃圾事件。

事件发生发展的过程,是一部侦探片。

案发时,张爱玲居住的地址是"245 So. Reno Sreet, Apt9, Los Angeles, CA",搬入日期,大约在1988年2月。

张爱玲接受水晶采访以后,足足十六年,没有在公开场合、在任何媒体现身。

此番,台湾媒体获取了张爱玲的地址,一片骚动,纷纷动念采访或约稿。

1988年3月,女作家、记者戴文采,接受了采访张爱玲的委约。

《联合报》主编痖弦,去信给张爱玲,并寄了戴文采的中篇小说《哲雁》,表明采访者笔力足够。

张爱玲回信告诉痖弦,小说读到了,写得很好,但不想接受采访，因为牙龈一直渗血。

被拒绝也是在意料之内。张奶奶不见人是出了名的。

年轻的戴文采采用盯人的战术，租借张爱玲的隔壁单元Apt10。

"那一年，我刚生下女儿。我白天起床拎着婴儿篮和奶瓶去住张爱玲隔壁的十号房间。晚上七点多还得把孩子送回家，再回报社编报，工作忙碌异常。完成了任务后，也就搬出来了，一共住了一个月，其间我们并无交往。"

一日，张爱玲房门吱呀一响，长久待机的戴文采迅即推门而出。但见张爱玲，薄薄的身子，一件浅灰色宽松连衣裙，雪白长毛绒拖鞋，拎着垃圾袋，悄无声息地穿过走廊；戴文采尾随其后到了垃圾房，张爱玲抛掷了垃圾，又如一缕诗魂，飘忽间，闪入自己的领地。

居住了一个月，这一次，戴文采才算是见到了张爱玲本尊。待张爱玲回屋，戴文采即刻趋前，半个身子挂在垃圾筒上，用树枝打捞起张爱玲的垃圾，回到公寓，铺排在桌上，开始了归类、研究、分析、推理，最后写出了《华丽缘——我的邻居张爱玲》。

文章里，女记者大肆渲染了张爱玲的垃圾。

比如，喜欢吃RALPHS GROCERY饼铺生产的胡桃派，成分是玉米浆、脱脂奶、红糖、棕榈油、柠檬酸和大胡桃及大豆；六块装的苏格兰松饼；喝 TWO – TAN 牌的低脂鲜奶，枣子红方棱硬盒浮着白颜色商标，每盒大约一个品脱；S&W 低盐菠菜，完全不含油脂，罐头外层包装纸上有一只双耳金碗盏和金托子；嫩花椰菜尖和豆角，不加盐，罐头倒得很空很干净，圆盖掀起的铁皮也按了回去。

台湾某报女编辑获悉戴文采小姐淘张爱玲垃圾之事，认为涉及隐私，非同小可，立即与纽约的庄信正先生联络，告知此事。不料庄信正在电话那头说，他已经知道戴文采小姐住在张爱玲隔壁的事，"不过她们都已经搬走了"。

所谓"她们"，指的当然是张爱玲和戴文采小姐。

原来戴文采小姐"阅读"了张爱玲的全部垃圾之后，难抑兴奋之情，给住在旧金山的 C 女士打电话，告知她接受台北 U 报副刊的委托，已经住进张爱玲隔壁房间，正在等待比较合适的机会，看看能否进入张爱玲的房间采访。不过也许出于心虚，她略去了偷走张爱玲信件、翻检垃圾这段情节。

C 女士接完戴文采小姐电话，直觉诸般不妥，立刻给纽约的夏志清教授打电话。

夏志清教授接完 C 女士电话，也觉情势危急，不敢拖延，即刻打电话给庄信正，因为只有庄信正知道张爱玲的电话号码。

庄信正总是隔一段时间就给张爱玲打电话，问候近况。不过张爱玲是不大接电话的，打十次电话大概有九次不接。

但这次如有神灵，张爱玲一下子就接起了电话！

庄信正在电话里急急地把事由描述了一番。

张爱玲听完，并不枝蔓，只道"知道了！"，就挂断了电话。

此时，林式同的电话也来了。

张爱玲说："给您添了太多的麻烦，真是打搅了。谢谢！好的！我们半夜搬家，神不知鬼不觉，让那位记者守空房去。"

说完，张爱玲大笑起来，声音如小女生。

放下电话，张爱玲摆出招牌动作：叉腰斜睨。

须臾，搬出瓦楞纸板箱子，胡乱地往箱子里塞物品。

三搬当一烧，搬家的次数太多，练就了一套神功，很快便收拾停当。

搬家途中，张爱玲兴致颇高。

坐在副驾驶位置上，她对林式同说："我是夜间动物，白天，人世是与我无关的。我看见过洛杉矶每个清晨的样子，就像吸鸦片的人。我父亲的那个家，鸦片抽得厉害……"

说完，她又浅声地笑道："一累了就精神涣散，越是怕丢的东西越是要丢。中国人向来不懂得尊重隐私，所以我不能居住在港台，也不能居住在上海，不能居住在有中国人的地方。"

林式同安慰道:"在美国,搬家是很家常的事情,我本人也喜欢扔东西。"

再说第二天,庄信正又打电话给张爱玲,已无人接听。按照与张爱玲的交往惯例,没人接电话并不表示她不在。庄信正不放心,又给住在洛杉矶的好友林式同打电话——这位好友受庄信正之托,十多年里,一直负责协助张爱玲的租屋及搬迁事宜。

林式同接到庄信正电话,很默契地答道:"没问题,已经搬好了。一天的工夫!"

再说戴文采小姐,竟不知道张爱玲已经搬走了。她仍然每天耳贴墙壁,却听不到一丝声响。起先以为张爱玲病了,连电视也不看了。但是连着几天沉寂无声,她不免起了疑心,到管理员那儿询问,才知张爱玲早已搬走了!

林青霞扮演了她

逃离了记者的追踪,在林式同的帮助下,张爱玲搬入了 433 S. Lake Street,Apt322,Los Angeles,CA。

一房一厅,没有家居,租金 530 美金。

张爱玲觉得这个公寓太大太贵。

经此一役,张爱玲对地址和电话的保密更是到了登峰造极的地步。

1988 年 6 月 26 日,张爱玲在给宋淇夫妇的信里说:

"我告诉林(林式同)我搬家搬得筋疲力尽,再搬实在吃不消了,他答应代保密。这地址我除了你们谁都不告诉,只用 Wilcox Ave(威尔考克斯大道)信箱。庄信正当然知道。"

似乎,每逢压力、挫折,张爱玲便遭虫患。

1991 年 11 月 1 日的信中,张爱玲再度提到"虫子":"先些时我又因为逃虫患搬家,本来新房子没蟑螂,已有了就在三年内泛滥,杀虫药全都无效。最近又发现租信箱处有蚂蚁……接连闹跳蚤蟑螂蚂蚁，又不是住在非洲，实在可笑。"

很多人都会认为这"人虫大战"不过是张爱玲的心病。夏志清夫人王洞不想轻易下判断："我们不在洛杉矶，不晓得她到底住在什么样的地方。她可能有皮肤病，自己不知道，也可能是心理的关系，这就很难讲了。"

学者陈子善则将其归纳为作家的敏感天性："说有心理问题要有论证。但她肯定很敏感，不敏感很难成为大作家。"

王德威则干脆把张爱玲的疾病缠身上升到"现代主义美学观点的身体呈现"："你看西方或东方重要的几个现代主义大师，他们在身体的灼伤，或者病或者是在自残的倾向里面所显现的一种坚持。"

心理学家荣格认为："凡是能够分析的病例都是一种美，审美学上的美感。"

张爱玲也知道，有人以为她有心理疾患，但她不以为然。

她是一块滚石，孤独、坚硬、顽强。

那天，再次搬家。

林式同开车。

她忽然问："听说三毛死了？"

林式同茫然。

林式同是工科生，专业是土木建筑，来美国多年，很少进入华人圈子,更不关注台湾文艺圈子。

事后,在别人的解释下,林式同才恍然。三毛,是台湾皇冠出版公司一手打造的畅销书作家,而张爱玲的著作权,几乎悉数签约皇冠。皇冠老板娘琼瑶在谋略影视版图的扩张中,向三毛提议,拿张爱玲和胡兰成的情爱历史写了一部电影。在未得到张爱玲的授权下,三毛创作了电影剧本《滚滚红尘》,主演林青霞、张曼玉和秦汉。

拍片时,林青霞天天烧香拜佛,因为张爱玲还活着。

三毛不忌惮。她惯于石破天惊。

剧本第一个镜头,三毛挪用了张爱玲被父亲软禁的情节。她还推荐自己出演女配角月凤,导演严浩劝她打消了这个念头。

女配角一早就确定张曼玉了。

电影《滚滚红尘》,1990年11月23日公映,1990年12月25日荣获第27届台湾电影金马奖八项大奖,唯编剧三毛未能获奖。

《滚滚红尘》获得最佳影片奖,台上没有编剧三毛。

自然是沮丧。

十天后,三毛在医院的盥洗室,用一条女人的丝袜自缢。

都说,三毛是借张爱玲来偷渡自己灵魂的。

林青霞拍了100多部戏,凭借《滚滚红尘》获得金马奖。

筹备这部影片的时候,她曾坐在三毛的家里,听三毛一页一页地读剧本,讲剧本。她后悔,当年上台领奖,没有拉上三毛。

最后的出演

从好莱坞的中国戏院出发,地铁转地铁,转公交车,经过比弗利山庄、莫妮卡海湾,在加州大学分校下车。

正午烈日当顶,找不到行人问路。

踩着自己的影子,一个街区一个街区地走着。

一个路口被封了,在拍电影,女主角披着外套从屋子里出来,男主角迎上去,彼此挽着走出镜头。

趋前看西洋镜,竟正是在寻觅的罗切斯特大道。

向左,向右?

似乎闻到了张爱玲的气息,决定左拐。

一幢白色的建筑,用白描的手法推入视线,曾在照片上无数次地进入这个空间——张爱玲生命最后的渡口。

典型的美国中产阶级的住宅区,美丽、安静。

门厅一面镜子,仔细整理衣冠,略施几笔蜜粉,决定去敲张爱玲的门。

走廊尽头，粉紫色的门。

居然有人应门。

一位韩国男生，在加州大学读数学。

我说明来意，男生满脸狐疑和警觉。

我又拿出机票和护照，他依然不信。

急切中我道："知道李安导演吗？他拍过张爱玲的《色，戒》。"

他道："稍候。"

转身去电脑上搜索，搜出了李安的电影《色，戒》，也搜出了张爱玲的英文网页。

于是，他很礼貌地侧身，让我入内。

一步，跨入门槛，跨入张爱玲的场域，她的城堡，她的要塞，她自治的领地。

我胆怯。

害怕张爱玲状告：入侵，擅闯。

张爱玲说，上海人还是可以见见的。

我是张爱玲丧事之后，第一个进入这个私人空间的上海人。

室内一尘不染，家徒四壁。

住在这里的张爱玲，于上海时的张爱玲，已然换了人间。

1944年，胡兰成去张爱玲的家，如此描述：

"她房里竟是华贵到使我不安，陈设与家具，亦不见得很值钱，但竟是无价，一种现代的新鲜明亮几乎是带刺激性的。阳台外是全上海在天际云影日色里，底下电车当当地来去。她穿宝蓝绸袄裤，鹅黄边框的眼镜，越发显得脸儿像月亮。三国时东京最繁华，刘备到孙夫人房里竟然胆怯，张爱玲房里亦像这样的有兵气。"

这是胡兰成四十多年前的话。

像是说另一个人，也叫张爱玲。

前世今生。

在《公寓生活记趣》里，张爱玲把她对公寓的眷恋如实招来："公寓是最合理想的逃世地方。厌倦了大都会的人们往往记挂着和平幽静的乡村，心心念念盼望着有一天能够告老归田，养蜂种菜，享点清福。殊不知在乡下多买半斤腊肉便要引起许多闲言闲语，而在公寓房子的最上层你就是站在窗前换衣服也不妨事！"（张爱玲：《公寓生活记趣》，《张爱玲绮语》，第53页，岳麓书社，1999年。）

他们最好的日子也在公寓里。

壁上一点斜阳，她在给夏志清先生的信中说："胡兰成书中讲我的部分缠夹得奇怪，他也不至于老到这样，不知从哪里来的 quote（引用）我姑姑的话，幸而她看不到，不然要气死了。"

"三十年不见，大家都老了——胡兰成会把我说成他的妾之一，大概是报复，因为写过许多信来我没回信。"

她要回应胡兰成，回应世人。

1994年10月5日，张爱玲在这栋公寓，用一个纸板箱做桌子，给庄信正写信：

"——我正在写的《小团圆》内容同《对照记》，不过较深入。"

此信证明小说《小团圆》的自传性质。

在《小团圆》里，张爱玲一个也不放过，比胡兰成更凌厉地揭露了更为隐秘的私处。

因为《小团圆》不适合在当时出版，于是，张爱玲姑且出版了《对照记》，一部缩小版的家族历史。

幸存的老照片，颇有味道，是文字以外的"余韵"。人生的"桃花扇"——"撞破了头，血溅到扇子上，就在这上面略加点染，成为一枝桃花。"

写作这本书的日子，是一段温暖的日子。

她又回到了母亲的铜床，青丝被上，摆布一张一张照片：

曾外祖父李鸿章，祖父张佩纶，祖母李菊藕，父亲、母亲、姑姑、弟弟；苏州河边，古墓芯子般的老宅，玉兰树，网球场，茉莉香片，金丝楠木，麻将桌，堂会，榻上，腐朽甜蜜的鸦片；宋版书，下午淡淡的阳光，父亲的吟哦……

荣华的背后总是悲剧。

写累了，揽过母亲留下的箱子，穿一件清朝大镶大绲的袄，下摆处露出一截宝蓝色旗袍、一双平金牡丹戏凤绣花鞋，男孩发型，玳瑁鹅黄色眼镜，唇间一抹香奈儿的殷红，斗室里，袅袅踱步。

爱太短，遗忘太长。

《对照记》里，没有胡兰成，也没有赖雅。

我站在张爱玲的家里，站在下午两点钟的光阴里。

看见张爱玲斜倚窗前小心翼翼地哼唱："黄昏这一回，白日那一觉，窗儿外那会镂铎。到晚来向书帏里比及睡着，千万声长吁怎挨到晓……"

公寓是她的孤岛。

在孤岛上，她很安全。

电视机搁置在地上，永远启动着——向她汇报外面的世界。

1963 年 11 月 22 日，美国总统约翰·肯尼迪在德克萨斯州达拉斯市遇刺身亡。

卦书上说，那一年，她将交好运。

可是没有。

1971年11月22日，苏联无人驾驶的火星2号飞向火星，这是人类第一次派去这个星球上的"使者"。

1971年，赖雅去世四年了，她依旧顶着赖雅的姓，她是他的遗孀，一个寡妇。

年尾，披头士主将、音乐人约翰·列侬，在纽约寓所附近被枪杀。

姑姑在上海结婚。七十八岁，终于嫁给了意中人。

7月，胡兰成在日本东京去世。

得到这个消息的同一天，张爱玲收到了七千美金的稿费，难免觉得是生日的礼物。

胡兰成死了，自传体《小团圆》可以出版了。

也许，大赚一笔。

张爱玲左右掂量，总觉得《小团圆》出版，便宜了胡兰成，他可以因她而不朽。一种威胁阵阵袭来。

她没有多少快乐，快乐也不值得追求，到头来，一切都是空的。所以，贾宝玉出家——生命比死更可怕。她心头一凛，决计把《小团圆》书稿烧了。

想象着书稿，一片一片，天女散花，白茫茫一片，却又舍不得。姑且压在箱底，连同母亲的最后的古董。

1986 年，继母、民国总理家的七小姐死了，败光了张家的全部家当。

美国"挑战者"号航天飞机升空 73 秒钟后爆炸，7 名宇航员全部遇难；苏联切尔诺贝利核电站发生严重泄漏爆炸事故。

1991 年，姑姑得癌症，也走了。

走了，都走了，一个接着一个的葬礼。

可她还活着。

祖母说：单单活着，就是一件大事，就是壮举。

一只杯子滑落，一地碎片。

这物件，乾隆款，母亲箱子里的物件，也有一百年的历史了吧。古董店不识货，没卖出去。

今儿个，在她的手里碎了，如同一个寓言。

爱是迷信，死亡是宿命。

1992 年 2 月 14 日，张爱玲去文具店买授权书时，顺便买了遗嘱表格，立了一份遗嘱。

遗嘱很简单，三点事项：

"第一，我去世后，我将我拥有的所有一切都留给宋淇夫妇。第二，遗体立时焚化——不要举行殡仪馆仪式——骨灰撒在荒芜的地方——如在陆上就在广阔范围内分撒。第三，我委任林式同先生为这份遗嘱的执行人。"

1992 年 2 月 25 日，她写信给遗嘱受益人宋淇夫妇：

"如果我的钱有剩，那么，（一）用在我的作品上，例如请高手译，没出版的出版，如关于林彪的一篇英文，虽然早已明日黄花。（《小团圆》小说要销毁）这些我没细想，过天再说。（二）给你们俩买点东西留念。即使有较多的钱剩下，也不想立基金会作纪念。"

无论处在何种境况之中，她始终没有放弃对文学的承诺。

1994 年，诺贝尔文学奖得主为日本作家大江健三郎，获奖作品《个人体验》，获奖评语："以诗的力度钩住了一个幻想世界，浓缩了现实生活与寓言，刻画了当代人的困扰和怅惘。"

人生本来的色泽终要一点一点显现、落定。

台湾皇冠出版社通知她，《对照记》获得 1994 年第十七届"时报文学奖特别成就奖"，希望她提供一张近照。

瞬间愉悦。奖来得太晚了！譬如咖啡里加了太多的海盐。

为拍照，她盛装出行——

一顶郁金香花瓣的假发套，一件小香风上衣，眼部化了妆，搽了唇膏。

镜头前，她手持一份中文报纸，封面新闻：《朝鲜主席金日成昨猝逝》。"因为不理会人间，都传说张爱玲已经死了。现在，本小姐手持当日报纸，倒像绑匪寄给肉票家人的照片，证明肉票还活着。当然随时可以撕票。"

摄影师按动快门。

闪光灯下,张爱玲定格。

这是张爱玲最后的公开出演。

人生的最后,颗粒的空间,生命的恐惧,肉身的疼痛,灵魂的战栗,没有悲壮,只有苍凉。

今晚,她将离去

苍凉别是一种启示。

抬头间,没有四季的洛杉矶,一声叹息,已然到了1995年。

活着活着就老了。

1995年7月25日,张爱玲75岁了。

还是皮肤疾患,去做日光浴,回来时,已近午夜。

进得门,开了灯,换下外衣,准备去洗衣房。

一低头,这就发现了心头大患——一只蚂蚁!

一时花容失色。

赶紧地把衣服塞进黑色垃圾袋,扎紧了口子,坐电梯下得楼来,不敢扔进公寓前的垃圾箱,担心虫子爬出来。

细细的身子,拎着垃圾袋,失魂落魄,硬是走了几个街区,才抛诸荒野。

回到公寓,依旧惴惴不安,担心留下虫卵。

张爱玲再次给林式同先生打电话。

大意为:最近公寓里又发现了虱子,千真万确,是虱子,南美的那种虱子,杀虫剂也没有用。

她捡起面前一份免费广告,上面说拉斯维加斯有新建的公寓,那里是沙漠,非常干燥,大约不会有虱子,也不会有人找到那里去的。

动念搬去赌城,不是为赌钱。

随心所欲,换房子如同换衣服;用空间移动,抵御日常的平庸和寡淡。这是她孤独的享乐。

时间卸下了盔甲。

多巴胺持续减退。

张爱玲放弃了再次搬家的计划。

单是日光浴,每天便耗去了多个小时。

过分的照射,引起灼伤,生发新的伤口,她日日与新鲜的淌血的伤口相伴。

独居,不再是欢愉,而是没有期限的囚禁。

张爱玲把自己形容成老鼠洞里的人,不见光。

她对光,一无所知。它的来处,它的去处。

她决定撒手。

人生最可爱的当儿便在那一撒手吧。

赖雅死了二十三年了。

二十三年里,张爱玲只和自己相处,只和自己说话。

——和墙壁上,自己的影子说话;

——心,早就折旧了;

——她把一只手臂搭在照片上,亲人的血脉。

眼泪汩汩落下。

拉开窗帘,一个清晖的满月。

那是三十年前的月光吗?不,当然不是,三十年前的月亮早就落下去了。

白色的墙壁,月光飘移到母亲的照片前。

母亲真好看,好看得像一场梦。

母亲总是不在。

她习惯了母亲不在的日子。

母亲是笼子里的鸟,拿到了笼子的钥匙,飞走了。飞得那么远,那么远。

张爱玲是绣在屏风上的鸟,紫色缎子的屏风上,织锦云朵里的一只白鸟,年深月久,羽毛暗了,霉了,给虫蛀了,死也还是死在屏风上的。

中秋,张爱玲的生日。

她找出一件孔雀蓝外套。

这是她的颜色,是母亲钟爱的颜色。

端详片刻,套上一枚粉红钻戒,光头十足,异星一般,划出一道光芒。母亲留给她的。四面楚歌里,彼此需要一点温暖。别的,也没什么了。

　　女人——就连做戏,如果生得美,仿佛即使演技差一点,也可以被宽容的吧?

　　钻戒的光环下,生发幻觉,以为那个男人是爱她的;

　　她在小说《色,戒》里,用戒指杀死了美女特工王佳芝。

　　——不可救药的动物;用下半身思考的动物。

　　时间太快,快得什么也来不及做;时间又太慢,慢得都生出蛆来了。无尽的黑色,谁来陪伴?

　　坚硬的最后,却原来也是无法忍受的寂寞。

　　谁能忍受时间的列车轰隆隆地从身上碾过去?

　　极端病态和极端觉悟的人究竟不多,没有英雄,只有生命的负荷者——日子已经过破了,懒得去缀补了。活得太久了。

　　惘然,惘然,惘然……

　　《红楼梦魇》垫在颈下,抖落粉蓝色的毯子,天鹅一般,缓缓躺下,半个身子露在外面。

　　风吹动了窗帘。

　　天籁:

　　见到他以后,她就变得很低很低,低到尘埃里,但她的心里是欢喜的,从尘埃里开出花来。

渐次地,瞳孔里形成了一条光束,她向前跑去,在更深的地方,她听见声音和叙述;在一条小道上,她闻到了栀子花的味道,清新圣洁。

陡坡,一脚踏空,膝盖和手臂,殷殷血迹,她不能动弹,不能继续,她呼救,可是听不到自己的声音。

一片空地。

一张巨大的床。

白色的床单如天上的云朵,一层一叠。

他说:"二次世界大战要结束了。"

鱼在她的体内摆动着。

她整个的黄金时代都在第二次世界大战中结束了。

她是黑暗中的一朵莲花。

音乐袅袅地飘来,托着她。

松树林里,白色的城堡,几个孩子在碧蓝的天空下奔跑,都是她的。

他出现了,微笑着拉她去城堡。

她忽然羞涩起来,两人的手臂拉成一条直线。

她笑着说:"现在的海枯石烂也很快。"

出现了其他的女人,面目不清,穿着古希腊的衣服,四个,五个,都是她之前和之后的女人,她加入了这个队伍,她始终没能理解他的某种本质。

大约,她故意不想看见。

幻灭的时刻变成了最有启示的时刻。

越走越远,简直是荒芜起来,却是停不下来,终于听见一个细细的声音在唤她,珍珠般的声音,是母亲——

她的一生,自恋,自负,自闭,自怜,自量,自知,自制,自省,自赎,自勉,自强。

生在这世上,没有一样感情不是千疮百孔的。

她生命的全部原子,按照力学第二定律,再度回归自然之前,她已经历了物性的神奇。

故事脆弱而短暂。没有回头。

无序的思绪里,跳出英国女作家弗吉尼亚·伍尔芙的名字。

1941年2月,她完成《幕间》写作。

1941年3月28日,预感另一次精神崩溃即将开始,担心自己永远不会再好转了,留下两封信,分别给丈夫和姐姐温妮莎;晨曦里,用石头填满口袋,一步一步,走进欧塞河。河水浸没了她,又把她托起,冲刷到很远的地方。

她和她,都是病人,才华绝世的女作家。

画外,孩子们的欢笑声。

天幕上,兜头兜脑,落下万丈锦缎,挟着一阵玫瑰雨,将她埋没。

她的肉身落幕了。

收 梢

1995年9月8日,中午十二点多,林式同倚在沙发上,正在读着昨晚未读完的报纸,电话响了。

听筒那里,自报家门的是张爱玲的公寓经理,一位漂亮的伊朗女子,林式同见过她的。

她道:"你是我知道的唯一认识张爱玲女士的人,所以我打电话给你,我想张爱玲女士已经去世了!"

"什么,不可能!不久前我才和她讲过话。"林式同本能道。

"我已叫了急救车,他们快来了。我想他们已在大门口了。"她语气急促。

林式同突然记起遗书的事,对着电话喊:"我有遗书!"

"好!"她道。

电话挂断了。

短暂的情绪休克。

几分钟后,林式同从惶惑中惊醒。

十多年来与张爱玲的交往,张爱玲各个时期的形象,张爱玲电话里的北方口音,一帧一帧,蒙太奇地切割、播放。

电话又响了,一个男音说:"这是 L. A. P. D(洛杉矶警局),您是林先生吗?张女士已经去世了,我们在这儿调查,请您等二十分钟以后再打电话来,我们在她的房间里,你有这儿的电话号码?"

警局要证实林式同与张爱玲的熟悉程度。

二十分钟后,林式同拨通了张爱玲公寓的电话。

警察告知林式同,带着遗嘱即刻过去。

林式同与张爱玲住在同一个街区。

下午三点,林式同到达张爱玲的住所。

验明正身后,警察允他进入张爱玲的房间。

这是林式同第一次走进张爱玲的空间,虽然这是他建造的房子。他一直恪守君子之约,从未泄露过张爱玲的地址。

时间瞬间凝固:日光灯还亮着,张爱玲躺在靠墙的行军床上,头发很短,如一个男孩,手脚自然平放,神态安详,身下垫着一张蓝色的毯子。

靠窗一沓纸盒,这便是张爱玲的写字桌了。

不停地变换住所,不接电话,不开信箱,不见客人,吃着快餐食品,彻夜开着电视和电灯,怕黑怕寂寞却又拒绝尘世间的一切热闹和烟火，这便是张爱玲。

地上堆着许多纸袋，里面是衣服和杂物。

逼仄的浴室没有毛巾，到处是纸巾、拖鞋和餐具，一律一次性的材质。她并不是没有钱。

一枚贵族女性，对物欲的淡漠，彻底到如此——梭罗的信徒。

据法医检验，张爱玲死于六七天前，也就是9月1日或2日，死因是心血管疾病。

张爱玲对自己的死是有准备的。

一贯丢三落四的她，有条不紊，整理好了各种证件和信件，装进一只手提包，放在门边最易被发现的厨房吧台上。

所有战争片里最恐怖的一幕，因为完全是等待。

她无须等待了。

她的终结形象，一如皇家世孙八大山人的画，一堆漫不经心的牡丹，一只孔雀，孤单，落魄，在一大片留白中不知所措。眼睛就这么白生生地瞪着，一动不动地瞪着。

城春草木依然深。

昔日衣马自轻肥的王公贵胄，改朝换代、啼笑皆非之间，什么都不是了，只有萧索，只有一双孤傲的白眼，向着青天，静穆中的单纯。

这是张爱玲的眼神。

这一年,诺贝尔文学奖得主为爱尔兰作家:谢默斯·希尼。

希尼有一首《远方》

"当我回答,我来自'远方',

关卡的警察厉声问:'哪个远方?'

……

而现在,

它是我居住的地方

也是我离开的地方

始终有很长的路要走

花了很多光年从远方来

又要花很多光年抵达星光。"

《海上花列传》英译本的语词悬案

事后有人问张错,知道不知道捐来的文稿中有《海上花列传》?

他道:宋淇的女儿的传真中,提到母亲会捐《海上花列传》。但在一堆纷乱的英文打字纸稿中,一时理不出头绪。谁会想到那一堆旧纸"Sing – Song Girls Of Shanghai"(上海歌女),就是《海上花列传》?

张爱玲一生,钟爱两本书——《红楼梦》和《海上花列传》。她用了十年时间写作了《红楼梦魇》,十八年时间,翻译了《海上花列传》。

从1892年2月《海上奇书》半月刊,连载小说《海上花列传》起,到1983年台北皇冠出版社正式推出张爱玲的汉语注译本,九十一年间,此书在汉语世界里两度湮灭,两度还魂。

近代,伴随着以苏南籍贯占多数的青楼女、女艺人流入上海，以及弹词、昆曲等技艺的时兴，苏州方言在上海租界内渐成风尚。

《海上花列传》一书中，"书寓""长三"（大多称"先生"）等高级妓女演唱苏州方言曲艺的事例随处可见，比如第二回，"右首那倌人正唱那二黄《采桑》一套，被琵琶遮着脸"；第三回，"孙素兰和准琵琶，唱一支开片，一段京调"。

1876年，上海道联合租界当局取缔了男女合演的花鼓戏，同时禁止妓女在茶楼演出。

名妓朱素兰获准在"也是楼"（旧址在今福州路山西南路交界口）开办清一色女演员的女书场，每日演出两档，每场邀请演出的妓女在30人上下。听客除门票茶资为大洋一元外，每点唱一曲收费一元，生意日盛。一时之间，四马路（今福州路）上女书场大批出现。著名收藏家张伯驹的夫人潘素，便手持琵琶、吴侬软语误了无数才子。

那个年代的青楼女，类似日本艺妓，标配为琴棋书画。不似后来，成为仅出卖色相的皮肉营生。

张爱玲说得明白："《海上花列传》第一个专写妓院，主题其实是禁果的果园，填写了百年前认识的一个重要的空白。"她指出："书中写情最不可及的，不是陶玉甫、李漱芳的生死恋，而是王莲生、沈小红的故事。"

在封建制婚姻体系中，倒是青楼里男女在谈情说爱。

《海上花列传》中描绘的情爱关系，最罕见的一例：李漱芳多愁善感、小性儿、病态体征；陶玉甫多情缠绵，为爱荒废人生，恋人死后以泪忏悔，凡此种种都有《红楼梦》宝黛的影子——青楼的高级情调。

韩邦庆，在小说单行本出版的当年，1894年去世。

他说着苏白的唱片匣子，戛然而止。

用汉语和英语两种"手势"，向自己心仪的前辈文人韩邦庆致意，张爱玲用了十八年。暗合她的长篇小说《十八春》。也是曹雪芹写作《红楼梦》的时长。

张爱玲提醒我们，《海上花列传》的密码，暗藏在语言之中。

在《海上花列传》的密室里，共存三种语言：白话、文言、吴语苏白。

张爱玲的野心是，为小说中的人物配音——

两种语言的配音——

标准普通话和标准英语。

张爱玲的施工程序——

断然拆散文本中文言的砖木

——天衣无缝地换装成白话国语的构件

——继续语言资产置换

——换成英语舌头。

当年张曼玉辞演侯孝贤电影《海上花列传》，也是因为语言问题。

洛杉矶。

南加州大学总图书馆。

踏出电梯，但见六个箱子，横卧在推车上，粉红色的标签：淳子预约。

六个箱子，张爱玲美国四十年的全部。

橡木桌前，一卷一卷，打开她的文字世界。

电脑的时代，她却是全手工，浩浩荡荡、绵密不绝的钢笔字，一丝不苟，如同宫女经年累月做着的绣品，是古董。

经历了四十年纷扰，岁月的粒子无序地散落着；抚摸着张爱玲文字的纸，有灼伤的感觉——那是她的欲望，她的体温，她对自己的践约。

手稿归置在牛皮纸袋里面，上面遗留着张爱玲的指纹和气息。

这气息屡屡使我落泪——她太努力，命运太吝啬。

独坐窗前，低首伏桌，孜孜往里探望——

发表的没有发表的；写完的搁浅的；知道的，或者更多不知道的。

一个人。

老禅入定。

偶尔也有其他访者进来，只是一晃，便不见了。

文字是化石，是生物，我在她的文字间行走，亦能听见她的声音。是的，那种害怕被别人误解的声音。她写作，因为她知道自己不会说话。

语言在本质上是苍白的——所指，能指。

如此的"看张"，一页一页；片刻的停顿，因为信息太密集，大脑的空间来不及储存。

时间的尘埃在阳光中飞舞。

陷落在张爱玲用文字编织的河流里，文字在水面上漂浮。

下午三点多，终于看到《海上花列传》的英文手稿。

忽然变得什么也说不出来了；即使可以用某种方式说出来。

一直传说，《海上花列传》英文翻译稿的定稿，在搬家过程中丢失了。

十八年的心血！张爱玲为此还报警。

手里的这份手稿，是失而复得？还是张爱玲误以为丢失、其实一直都在某个箱子里隐匿着？

窗外，洛杉矶的乌鸦一声声，争晚噪，送斜阳，一如诗句："惟有暮鸦知客意"。

为了回答我的疑问，南加州大学总图书馆浦丽琳研究员，开了一个多小时的车程，来到图书馆。

一张小圆桌，两杯咖啡，伴着加州的阳光，伴着浦女士青衣的嗓音，我们如小兵过了楚河汉界，长驱直入——

1997年，学者张错以该校图书馆名义，从香港宋淇夫人邝文美处，募到张爱玲的所有英文作品手稿，以及信件、照片等复印件。

文稿从香港到达美国加州洛杉矶。

朋友闻讯，纷纷过来猎奇。

有的随意翻检几行字，几张照片，满足了好奇心也就走了；也有有心人，盘亘良久，影印抄录。

待到移交时，资料已呈杂乱状。

前来接收这批资料的，是南加州大学东亚图书馆馆长柯兰谷博士（Dr. Kenneth Klein）和研究员浦丽琳。

办公室里，张错抽出复印的相片、手稿影印本、书籍、英文稿《少帅》(*The Young Marshal*) 等资料，逐项解说交代。最后，他指着盒底，透明纸包着的英文打字稿道："这是张爱玲没能出版的英文稿，她本来是想用英文写作来谋生，但失败了。"

张爱玲文学遗产，未出版的中文手稿，已先被台湾皇冠公司的人挑走，剩下的就是这些英文打字稿了。

为了向捐赠人宋淇夫人邝文美交代，张错要求图书馆尽快开出接收清单，并举办一个主题展览。

面对零落无序的几箱资料，柯兰谷和浦丽琳立即启动了专业程序。

柯兰谷从事英文资料搜寻，浦丽琳则从事中文资料搜寻，查看一切有关张爱玲的文章，尤其是与张爱玲有深交的夏志清和宋淇写的文章。

这是一项及其艰苦的工作。

一日，浦女士读到夏志清悼张爱玲文章：《超人才华，绝世凄凉》。

文中的一段话，引起了浦丽琳女士的注意：

"那两年在赖氏研究所，爱玲差不多已把《海上花列传》译好了。隔几年信上不时讨论到译稿的问题，她想找经纪人把它交大书局审阅。我劝她把书当学术性的读物看待。加一篇她自己写的导论，我的前言，交哥大出版所处理较妥。她不接受我的建议,后来信,也不提这部《海上花列传》了。有一天庄信正对我言,这部译稿搬家时丢了,我听了好不心痛,除了首两章已发表过外,张爱玲三四年的心血全付之流水。"

夏志清先生这段文字,证实了张爱玲英译《海上花列传》全本的事实。那"好不心痛"和"付之流水"八字,凌厉地击中浦丽琳女士,给其极大震动。

这份翻译稿,会不会还在?

一念之执。

浦丽琳女士回到地下室,搬出张爱玲资料,从头越。

一个陈旧的牛皮纸袋,写着"Sing-Song-Girls",张爱玲的笔迹。

文体类似中国章回小说,故事亦似曾相识。

浦丽琳女士的父亲,曾是清华、西南联大、中央大学的教授,她的童年,也是厮混在父亲书房里的书虫,博览群书,其中包括《海上花列传》。她转身,寻来中文《海上花列传》进行对照。

先看的是第六十四章,情节相似,心中一喜,遂逐页相对,字字比照,果然可以两两印证,是以初步认定这部英文稿"大概"是张爱玲的英译《海上花列传》。

于是,她在清单上写道:Original English manuscript (*probably Hai Shang Hwa*)(英文原稿大概是《海上花列传》)。

日后，南加州大学图书馆馆长的致谢信中，也用同样的字词说"大概"是《海上花列传》。

他们二人代表南加大图书馆做鉴定，非常谨慎，没有百分之百的把握，不用绝对的词语。

对一位专业人士来说，"大概"，便是功课还没有做完。浦丽琳女士沿着福尔摩斯断案的路径，一遍一遍，继续寻找可以破案的蛛丝马迹。

一日，浦女士又去翻检张爱玲的手稿。

她抽出那个棕色牛皮纸封套，是夏志清教授在哥伦比亚大学用的封套，上面，淡淡的墨水，写着夏志清教授的名字 C. T. Hsia；背面，墨迹已褪色，拿到灯光底下，仔细辨认，竟是"海上花"三个中国字，是张爱玲的笔迹。

当时只看文稿，竟遗漏了对这个牛皮纸袋的研究。

浦丽琳女士甚是懊悔。

1982年，香港中文大学翻译研究中心的《译丛》，发表过张爱玲英译的《海上花列传》两章；找来比对，这才认定，这部无名的译稿，就是张爱玲《海上花列传》的英译。

那么，这部手稿，是否是张爱玲报警遗失的英译定稿？

功课还没有完。

下班后，去地下室阅读张爱玲，成为浦丽琳女士的日常。

浦丽琳女士发现，张爱玲在《译丛》上发表的那两章译文，在用词上，与南加大图书馆收藏的手稿不同；有些章回，张爱玲有多个翻译版本。

浦丽琳女士感受到张爱玲当年细思量、费斟酌、心若素缟、青灯佛影的辛苦。

张爱玲一边为小说中人物的舌头安装英语，一边重新调度着剧情和舞台的灯光；为了剔除卡住现代英语读者喉头的一根鱼刺，她需要删掉整整四回的文字，再按照内在逻辑，在同一块地基上，重新建构一座文字语言的大厦。

1980年，张爱玲完成了《海上花列传》汉语评注翻译。

在夏志清教授的帮助下，张爱玲获得基金，开始英译《海上花列传》。从波士顿、旧金山，到洛杉矶，她用痴迷的态度，逐字逐句校订，终于在1983年将全本《海上花列传》共计二十五万译毕；张爱玲用两种语言的词典，让此书再度还魂。

1986年12月29日，张爱玲写信给宋淇夫妇："检点东西的时候，发现《海上花列传》译稿只剩初稿，许多重复，四十回后全无，定稿全部丢失，除了回目与英文短序。一下子震的我魂飞魄散，脚都软了。"

那段时间，正是张爱玲人虫大战、病态搬家的时期。

2004年之前，张爱玲与夏志清、宋淇夫妇、庄信正的通信还没有出版,浦女士的推断,依靠的是最笨的方法,也是最可靠的方法,一页中文,一页英文,一句一句,比对、比较。

经历无数青灯的日夜,浦女士最终认定,南加大图书馆拥有的英译稿,是早期张爱玲翻译工作进程中《海上花列传》英译草本,不是定稿。

定稿是真的丢了。

众人的心再次破碎。

浦丽琳女士将她的研究结论告诉了柯兰谷博士,同时也告诉了夏志清教授。

夏志清教授说,张爱玲原来的意思是要将原书的六十四章,改译成六十章的。这更证明浦丽琳发现的六十四章的译稿,是草本;定稿应该只有六十章回。

六十四章的英译草本中,不少章回是重复的。这些重复的译稿,唯一的解释是,为了这部钟爱的吴语小说,张爱玲把肉体关在密闭的空间了,把灵魂交付给了晚清的另一位上海作家韩邦庆;她一遍一遍地修改,总也不满意,一本书,竟自翻译了十八年,以至于原先为她提供基金的机构以为其食言、违约。

浦丽琳女士把不同的译稿反复比较后,选择出她认为较好的译章,连贯成册,交给哥伦比亚大学出版社和哈佛大学王德威教授审阅。

浦丽琳女士回忆挑选、甄别张爱玲六十四章译文往事时，只轻描淡写，用"七拼八凑"一笔带过她在图书馆贮藏室中辛苦的研究。

经过几年的繁复的工作，在王德威教授主持下，2005年秋，张爱玲英译《海上花列传》，由哥伦比亚大学出版社出版。

浦丽琳女士以她的严谨和勤勉，实践了父亲的家训"守拙胜于使巧，力求一心一德"。

浦丽琳女士说，我们这一代留学生，是有情怀的。能够替张爱玲完成夙愿，将这本小说推介给世界文坛，是职业生涯的荣耀。

事后有人问张错，知道不知道捐来的文稿中有《海上花列传》？

他道："宋淇的女儿曾在给我的传真中，提到母亲会捐《海上花列传》。但在一堆纷乱的英文打字纸稿中，一时理不出头绪。谁会想到那一堆旧纸"Sing－Song Girls Of Shanghai"（上海歌女），就是《海上花列传》？"

《海上花列传》英文稿的寻找、确认，一波三折，花费颇多时间斟酌、论证，一时曾为悬案、谜案，关键细节便是语词"sing－song girl"。

清末上海租界，洋人把妓院叫作"girl－house"，把上海的妓女叫作"sing－song girl"。

民国后，上海的妓女服务方式发生了很大的变化，色相成为成为主要的服务方式和手段，而"sing‐song girl"，已成为"上海妓女"专用名词。

1935 年 7 月，上海基督教出版的中英文刊物《出版界》(*Bookman*) 登载上海新亚饭店广告，标明饭店规矩："No gambling; no sing‐song girls; no opium smoking allowed"。既："不准赌博；不准嫖妓；不准吸食鸦片"，实际上，早年《英汉字典》条目"sing‐song girls"，特指"上海妓女"。

张爱玲的童年，曾随父亲去过妓院；父亲娶了堂子里的女子做姨太太，家里常有青楼女的派对；张爱玲将《海上花列传》书名译为：*Sing‐Song Girls of Shanghai*（上海歌女），实为亲炙和引经据典。

张爱玲《海上花列传》英文打字稿，没有中文"海上花"字样，只其中一页纸上写了"Sing‐Song‐Girls"，今人并不知道这段语言历史，不曾将"Sing‐Song girl"与《海上花列传》做勾连，遂大费周章，还弄出了诸多龃龉。

台湾导演侯孝贤根据张爱玲的译本将小说改编成电影。《海上花列传》里"Sing‐Song girl"的主要社交场域——上海张园，以及四马路一带的书寓，早已拆得不着边际了。侯孝贤这部影片的英文翻译，简单直接为《*Flowers of Shanghai*》。

《金锁记》的后台

《金锁记》曹七巧,原型为李鸿章的孙媳妇,丈夫死后,分遗产,居住在上海法租界威海路598号。

——因为有这样一个地方,这样一个亲戚,张爱玲写出了自己家族里的"红楼梦",并且比曹雪芹更彻底与凄凉地表现了人性中的冷峻。

小说《金锁记》脱胎自李鸿章的儿子李经迈一家,即小说中的姜家。

男女主角,取材于李经迈第三个儿子李国煦和他的妻子。

按照辈分,张爱玲叫"曹七巧"三妈妈,称三妈妈的儿子李玉良谓琳表哥(小说中的长白),称三妈妈的女儿李家瑜谓康姐姐(小说中的长安)。

三爷姜季泽影射李经迈的另一位公子李国熊。

李家老三房住在威海路一带。

三妈妈的房子,大宅子,大花园,中西合璧的建筑,上海租界的生活方式。

都说三妈妈的房子风水好。这个说法是由着著名的张园绕过来的。

清末民初的上海，张园称得上是市民最时尚的公共活动场所，赏化看戏，照相观影，纳凉吃茶，宴客游乐，演讲集会，展览义卖……几乎所有的社会公众活动，张园都敞开大门包容其中。当时文人墨客的散文游记中，"张园"二字出现频率奇高。清末名人孙宝瑄写有一部《忘山庐日记》，涉及中国近代史上众多的人、事、物，其中就写道："张园之茶和四马路之酒，是外地人到上海后一定要吃的。当时上海夜晚时分最有名的地方是四马路，而白天最热闹的场所则非张园莫属。李鸿章、盛宣怀的子女，以及孙中山等名人、要人有钱人，亦是那里的常客。"

张园不收门票，可以从中午一直玩到深夜。这种集各式娱乐功能于一园的大众化娱乐方式，是19世纪末随着上海城市商业经济繁荣发展，市民消费热情日益高涨而出现的。1915年和1917年更专业的大型游乐场新世界和大世界建成，张园渐趋衰落，据1932年出版的《上海风土杂记》记载："张、愚二园，今已湮没不存。"

张爱玲、胡适均推崇的清末青楼小说，或者说情爱小说

《海上花列传》的诸多情节，亦生发此地。

20世纪30代，上海房地产活跃，废弃的张园被地产商买了去，改建成风格缤纷的独立别墅和里弄房子，张爱玲三妈妈的独立别墅，正是建造在这块地皮上。

1947年之前，房子的底层和花园租给了一所小学，三妈妈收了租子去买火腿和鸦片，抽得身子鬼一样飘忽单薄，原本丰腴的胳膊，到了后来，手臂一扬，玉镯子顺势，滑落到腋窝。

《金锁记》中，生命痛苦的本质迷散出销魂的魅力，它以一种寂静主义的方式表达出对生命本身透彻骨髓的悲剧感。

蚀骨的悲哀基于对生命悲哀的感受力。

中国小说有苦难，但是缺少英国式的或者德意志式的悲剧。《金锁记》里是有的。

丁玲的《沙菲日记》也讲女性的身体和悲哀，但是自恋式的书写，限制了作品的格局。

张爱玲的文字，冷静冷酷，出手凌厉。但是张爱玲不是波伏娃，她不是女性主义者。

小学扩建，拆了旧房建新房，"曹七巧"的家，连一块碑碣都不曾留得下来。这样的彻底。

又不知过了几世几劫，这里的大户人家与张爱玲的三妈妈一样，都不晓得去了哪里。后来住进来的居民，各自为战，把一个个漂亮的大宅子变成了大杂院，多了烟火气、市民气，在都市高压的生活条件下，表现出上海人奇特的生存智慧。

　　一个鞋匠，在这些个大宅子边搭了一个棚子修鞋。一修就是一辈子。天晚了，看不见了，从家里拉出一根电线来，点一盏耀眼的灯在那里，继续补鞋。和他搭讪，说起二妈妈家的房子。他说：就是在这里。很好的房子，很大的，花园也很大的。拆掉了呀。

《色,戒》的历史片场

张爱玲在散文和小说里,不断地书写着重华公寓和周边的街道。

1988年在《谈吃与画饼充饥》里,张爱玲写道:

"有一次在多伦多街上看橱窗,忽然看见久违了的香肠卷——其实并没有香肠,不过是一只酥皮小筒塞肉——不禁想起小时候我父亲带我到飞达咖啡馆去买小蛋糕,叫我自己挑拣,他自己总是买香肠卷。一时怀旧起来,买了四只,油渍浸透了的小纸袋放在海关柜台上,关员一脸不愿意的神气,尤其因为我别的什么都没买,无税可纳。美国就没有香肠卷,加拿大到底是英属联邦,不过手艺比不上从前上海飞达咖啡馆的名厨。我在飞机上不便拿出来吃,回到美国一尝,油又大,又太辛辣,哪是我偶尔吃我父亲一只的香肠卷?"(原载于《续集》台北皇冠出版社1988年2月)

老上海,飞达咖啡馆属于下午茶中的爱马仕。

门,开在大理石走廊的尽头,蕾丝窗帘低垂,桌布熨烫得如宫廷贵族的衣领;一个爵士乐队,一方舞池,下午两点以后,租界里的居民,如同听见上课铃声,纷纷拥入;招牌的鲜奶油咖啡和栗子蛋糕,刺激着无数人的舌尖,成为脾胃中的历史的回响。

张爱玲,在纽约,一家丹麦人开的点心店里吃"拿破仑",断然道:比不得飞达的好;尝了报纸推荐的"奶酪稻草"(忌司条),又道:还是飞达拿手。

离了上海,张爱玲是生活不下去的,连文章也是越写越寡淡了。

小说《色,戒》,发生在这片街区。

这是一个关于情爱、背叛、阴谋与死亡的文本。

平安戏院,外廊像一把巨型的伞,全市唯一一个清洁的二轮电影院,灰红暗黄颜色的砖墙,有一种苏格兰粗花呢的温暖。附近是凯司令咖啡馆,西伯利亚皮货店,绿夫人时装店……

1939年冬,西伯利亚皮货店曾出现过异常惊险的一幕。当时正值日伪时期,汪伪特务机关在上海设立了特工总部,为首的是丁默邨。重庆方面决定利用特殊手段除掉他。丁默邨好色,"中统"制订出"美人计"的周密计划。

唱主角的是郑苹茹。她容貌出众,淑女气质。其父为公共租界特区法官首席检察官,母亲是日本贵族后裔。她还有一个有利条件,即她在上海民光中学就读时,丁默邨是该校的校董。

旧年将逝,霞飞路、静安寺路的店铺橱窗里,装点着圣诞树。

为隐秘,刺客均为广东临时召集而来,并不熟悉上海。

而在静安寺路,相距100米,有三家皮货店:西伯利亚皮草行,第一西伯利亚皮草行,第二西伯利亚皮草行。

而负责指挥的中统上海站中将站长陈彬,亦是12月才从香港来沪任职。

与郑苹如直接联络的嵇希宗,掩护职业是股票经纪员。

刺客们领命的暗杀地点为西伯利亚皮草行,但没有具体门牌号码。

刺客到了现场,才发现,有三家西伯利亚皮草行。

到底是哪一间?只能一家一家去认脸。

12月21日中午,丁默邨和郑苹茹走进静安寺路上的西伯利亚皮草行。

甫一进店,郑苹茹挑了一件高级裘皮大衣,在穿衣镜前试样,不时询问丁默邨的意见。

特工出身的丁默邨,并不理会美女,而是警惕地观察着门外动静。但见一前一后,两对大汉,手揣在怀里,不时向店内眺望。

丁默邨察觉。

他扔下一沓钞票，飞速冲出店门。

训练有素的司机不曾熄火，见到主子出来，即刻启动。丁默邨一上车，防弹车便如子弹，蹿了出去。

至此，刺客方才醒悟，抽出手枪射击，连车轮也未触及。

一场惊心策划的封闭式的刺杀，就这样，失败了。

扼腕扼腕扼腕！

暗杀失败，郑苹茹没有转移。

据郑苹如的妹妹回忆，姐姐对即将到来的危险是有预设的。

暗杀失败后，郑苹如在自己的卧室里反复操练一把女士勃朗宁手枪。

第二天，下楼早餐。

第三天，她对母亲说，昨晚做梦。梦见一个大厅，一面墙，写满了名字，走近，赫然发现自己的名字。母亲是日本人，知道凶多吉少，也知道劝阻不了，唯有流泪，祷告。

几天后，郑苹如被捕。

她承认谋刺丁默邨，但一口咬定是情杀，否认受中统指使。

元旦过后的一个中午，郑苹茹被押往沪西刑场，遭秘密枪杀。

她用上海话，对行刑队的队长林之江说："请打得准一点，请背后开枪,不要打我的脸。"

张爱玲钟意这个题材,不惜花了几十年的时间不断书写改写这个故事,她痴迷的是一位色情女间谍的心理世界。

人性无法解释。但可以解读。

小说《色,戒》,张爱玲依据历史事件,一帧一帧放大,研究,摹写,甚至还画了一张当年刺杀现场的街道地图,并采访了同时代的还留存记忆的人等。

她最大的冒险也是最大的文学贡献是,她让女间谍爱上了猎物:汉奸老易。

由此,产生了巨大的人性张力、戏剧张力。

老易是老手了,脸上有兵气,也会撩拨。

权力是春药。

她上了他的车。

他双手抱胸,用手肘去触碰她的乳房,一阵一阵袭来,他俯下身子,低语道:"以前不是这样的。"直把她做成《金瓶梅》里的荡妇,坠落,坠落,深不可测。

越堕落,越痴迷,便是越成功。

然而,每一次色诱,她越忠实于自己的角色,越是欲醉欲仙,越是恐惧。

曾经,胡兰成和张爱玲,公寓里看画册,金粉金沙深埋的宁静，他的微笑没有了往日的讽刺性，有点悲哀。他的侧影迎着黄昏的光，落日落在他的脸上，睫毛像米色的蛾翅，一种温柔怜惜的神气——以为这个人是爱的，心底轰然一声，再想后悔，已经太晚了。

女人为了爱，不问值得不值得的。

这是人性正常的弱点。

所以，《色，戒》的结局就是那样了。

为了一瞬间情感幻觉，付出性命。

1949年，张爱玲和她的姑姑在重华新村的窗口观看解放军进城。楼下，正是《色，戒》的历史发生地。

随后，她们搬走了。

搬走之前，张爱玲在户籍专业一栏，填写的是伟达律师事务所打字员。

一个虚拟的职业。朝代的需要。

《惘然·张爱玲》访谈

采访者：方可

1. 您最初是在什么时间、什么地方、什么样的情形下，接触到张爱玲的文字？

答：1993年初夏，我在电影《红玫瑰和白玫瑰》剧组，获得一套安徽文艺出版社出版的《张爱玲文集》。坐在法国公园（复兴公园）的假山上，读得灵魂出窍。读到《金锁记》的时候，几乎窒息，心尖阵阵痛楚，一直读到公园掌灯，纸上的字迹模糊不清，才抬起头来，望向上海的暮霭，一时错乱——那个下午，颠覆了我对现代文学的态度。

2. 安徽文艺出版社是最早，也是唯一获得授权出版张爱玲作品的大陆出版机构，是冥冥中的暗合？

答：是暗合，更是宿命。张爱玲的血脉族谱，发源于安徽，安徽的合肥。张爱玲的《对照记》，是寻根，是缩小版的家族历史。

> 3. 您曾在研究张爱玲的专著中写道："寻找。我总是在寻找。在追逐。这是宿命。"所言的宿命，该作何理解？

答：张爱玲与安徽地缘文化历史是基因的关系，我与张爱玲也是一种宿命。我们的染色体是一样的。

> 4. 迄今为止，老师究竟阅读了多少张爱玲作品？其中最为看重的是哪一部？

答：张爱玲的作品，有一本看一本，永不厌倦。看她的夹缝文字。

比较看重《小团圆》。这是一本强大的自传体的长篇小说。幸亏宋以朗先生没有把书稿烧掉。

> 5. 阅读张爱玲，有没有属于自己的特殊路径以及心得？

答：我是一个老实人，阅读、做学问也都是老老实实的。

6. 作为大清王朝最后的"裱糊匠"、中国近代文明最重要的推手，李鸿章与上海有着怎样的渊源？

答：1862年，李鸿章率领淮军赴沪镇压太平军。同年，授江苏巡抚。次年，授太子少保，赏穿黄马褂。在此之前，李鸿章只是曾国藩的幕僚，一介文官。

1864年，历时十三年的太平天国运动结束。李鸿章被封一等伯爵，赏戴双眼花翎。

上海成就了李鸿章。

1865年，李鸿章开始推进洋务运动，李鸿章家族南移上海。

1911年辛亥革命爆发，李鸿章家族大都移居上海，部分移居天津。

上海的李氏家族豪门联姻，书写了一部无限延伸的"红楼梦"。

> 7. 究竟是上海成就了张爱玲，还是张爱玲为上海注入了别样的格调、气质？

答：上海，从开埠始，就是一个国际传奇，一个与传统中国其他地区截然不同的充满现代魅力的世界。上海亦是移动的盛宴，李鸿章家族、张佩纶家族的遗产，给予了张爱玲丰盛的文学大餐，张爱玲用她的绝世才华回赠了这座城市，延续了家族传奇。一如乔伊斯与都柏林，曹雪芹与《红楼梦》。

> 8. 文化人类学、历史地理学以及地缘学说，这些源自西方的学术早已为当今学人、作家和民众认知并接纳，中国人也常说"一方水土养一方人"，张爱玲的横空出世，与其故乡、先祖、族人和家人有着难以解读却实实在在的关联。诚如斯言："旧家是张爱玲文字的原乡。"

答：张爱玲在《对照记》里说："我没赶上

看见他们，所以跟他们的关系只是属于彼此，一种沉默的无条件的支持，看似无用，无效，却是我最需要的。他们只静静地躺在我的血液里，等我死的时候再死一次。我爱他们。"

地缘文化，基因，如一块随时会启动的芯片。

9. 老师喜欢引用《红楼梦》里的场景、人物、桥段甚至结局，与张爱玲作品及其家世、身世、命运进行类比，这是出于何种考量？是为了表达"更彻底与凄凉地表现了人性中的冷峻和不堪"？

答：这不是我的考量，是基于张爱玲的考量，在美国，张爱玲用了十年的时间，写了《红楼梦魇》。

她在《红楼梦》里找到了她的几乎所有的家世感，以及世纪末的悲哀。

10. 您有言:"文学的探究,是有侦探成分在里面的。"能否说一说,这些年来您究竟走访过多少与张爱玲有关的地方?接触过(晤面、电话、书信)多少与张爱玲有关的人物?

答:我很喜欢英国作家 A. S. 拜亚特写的《隐之书》。这本书很文艺,很诗意,很学院,很戏剧。

我写张爱玲,常常把这本书放在案头。

追寻张爱玲之路已经 20 多年了,采访了多少人、阅读了多少文字的资料,应该是不计其数吧。

我的脚印,覆盖了张爱玲的脚印。

11. 诚如老师所言,张爱玲作品大多具有自传性或曰"私小说",在寻找、追逐张爱玲的具体过程中,在撰写有关张爱玲的文字时,间或也有"你中有我、我中有你",合二为一的时刻?灵魂附体的时刻?

答：是无我的狂喜。

张爱玲改变了我人生的走向。

我的闺密戏言：淳子是张爱玲的新闻发言官。

> 12. 写张爱玲的基本策略，是采用以书证、物证，进行实地考察和调研，并结合相关人物的访谈，形成一道清晰、严密，且合乎事理、情理、道理的证据链，请问：这是借鉴了历史学、考古学惯用的"双重或多重"证据方法吗？

答：读书的时候，老师要求我们"字字敲得响"。

所有的方法，都是为了能够更近、更深入地进入书写对象。面对张爱玲，修辞似乎是不必要的。我只为更真实地表达张爱玲。我是贴着张爱玲的灵魂写作的。

13. 写作中，老师常常采用时空跳跃、自由切换的全知全能视角，营造了如影随形、无所不在的现场感，这种时时刻刻的目击、"在场"，使读者如临其境、如闻其声、如见其形，请问这是自然而然还是别具匠心？

答：我是记者出身。"在场"，是职业的必需和本能。

14. 到底是有着戏剧的底子，读老师《地图》里的文字，充满了念白般的张力以及空间感，其内涵及外延极为丰富与宽广，给人以反复咀嚼的弹性和韧劲。在书写这些语句时，老师经历了怎样的锤炼、推敲过程？

答：文字是肉做的。我希望我的文字，如两情相悦，最后抵达最深刻的辉煌，喷薄而出。

15. "销魂的能力基于对生命悲哀的感受力。"您此言可以视为解读张爱玲作品的锁钥吗?

答:是的。我想是的。

16. "语言本质上是不完美的,永远无法表达出存在的东西,张爱玲却是用语言表达了她的悲哀。"您在为张爱玲画魂,也是在为同为写作者的自己安魂吗?

答:是彼此的灵魂在晚风中相遇。

"因为懂得,所以慈悲",我是懂她的。她一直潜伏在我的躯体的某处。

17. 在中国现代文学史上,张爱玲无疑是一座不容忽视、难以逾越的高峰,但其作品所表现的毕竟是近一个世纪前的人们与生活,我们今天阅读、了解、研究张爱玲究竟有没有现实意义?

答：张爱玲的文学成就，可以参考夏志卿教授的文章，不再赘述。

张爱玲，以及沈从文、钱锺书、周作人等作家重新出现在文学史的语境里，结束了长期以来中国现当代文学史单边主义、冷战思维的狭隘。这个意义是重大的。

18. 老师选择与安徽文艺出版社合作，出版纪念张爱玲一百周年诞辰这样一本大书，是出于何种考量？

答：张爱玲在海外流亡了 43 年，骨灰撒在太平洋里。我希望她回家。

方可（本名方跃进），主任编辑、纪录片导演。曾任安徽电视台《旧闻新说》主编，与作者淳子合作了张爱玲系列节目。

张爱玲大事节略

1920 年 9 月 30 日,出生在上海。

本名:张煐。

如果没有辛亥革命,张爱玲的出生地将是南京。

——历史的安排。

1922 年 为了与同父异母的兄长分家,张爱玲父亲携家人离开上海,迁居天津英租界。

1924 年 母亲借口陪读,与张爱玲姑姑一起远赴欧洲游学。

1928 年 父亲发誓戒毒,遣散姨太太,重新做人。

母亲回国。

全家搬回上海,居住在法租界宝隆花园(这个物业,一直没有找到)。

在母亲名媛计划下,张爱玲学习钢琴、绘画、英文。

1930 年 在母亲的坚持下,张爱玲离开私塾,进入教会小学。
母亲为其改名张爱玲。
父亲积习难改。
父母离婚。

1931 年 母亲是精英主义者。在母亲的运筹下,张爱玲进入美国教会学校圣马利亚女中。

1934 年 父亲再婚。
继母是北洋政府政要孙宝琦的女儿孙用蕃,庶出,排行老七。
张爱玲对继母怀有本能的恐惧。

1937 年 高中毕业。
在继母的挑唆下,被父亲毒打、禁足。

1938 年 放弃亿万家产,逃离父亲的家。
母亲用美金为张爱玲聘请外籍家教,张爱玲考上伦敦大学。

1939年 因为二战爆发，张爱玲无法赴伦敦，转而进入香港大学。

1941年 太平洋战争爆发，香港沦陷，张爱玲在战地做看护。

1942年 张爱玲返回上海。在母亲的安排下，插班圣约翰大学文科。
出名要趁早，等不及毕业，辍学，开始职业写作。

1943年
—
1944年 如樱花，一夜之间，全城醒来，漫山遍野，姹紫嫣红。
这期间，她发表人生中的最好作品，诸如《金锁记》《倾城之恋》《红玫瑰和白玫瑰》《封锁》《沉香屑》《心经》《琉璃瓦》，以及一大批兀自燃烧着的散文。
《倾城之恋》搬上话剧舞台，张爱玲亲任编剧。
她的才华，使汪伪政府政要胡兰成受到震动。
为结识名门才女，胡兰成做足功课。
中年男人是张爱玲的毒药。张爱玲成为胡兰成网里的鱼。

1944 年 8月，张爱玲与胡兰成在租界公寓秘密结婚。婚礼极简。嘉宾只有张爱玲闺密炎樱、胡兰成的侄女胡青芸。张爱玲继续驰名文坛，新旧文学糅合、新旧意境交错、中西文法参差，在动荡、高压的沦陷期，如此精练圆熟、隽永深邃的文字，是一种非偶然的奇迹。

1945 年 8月15日，日本天皇宣布无条件投降，胡兰成逃亡温州。

1946 年 张爱玲去温州探望胡兰成，发现胡兰成无论在她之前还是之后，顺境还是逆境，都不可遏制地拈花惹草。在拥挤的婚姻版图中，张爱玲决意离婚。
与桑弧合作，创作电影剧本《不了情》。
出版《传奇》（增订版），前言《有几句话同读者说》，郑重澄清政治态度和立场。

1947 年 寄出离婚信函。为表明决绝，也为彻底撇清，与姑姑一起搬家。

1950 年 以梁京为笔名，在上海《亦报》连载小说《十八春》。

参加上海第一届文学艺术界代表大会。

1951年 第一部长篇小说《十八春》出版单行本。

1952年 向香港大学申请复学获准。

离开上海，迁居香港。

1955年 因炎樱在日本，张爱玲赴日寻找工作机会；未果，又回到香港。与港大发生纠纷。

翻译海明威《老人与海》、玛乔丽·劳林斯的《小鹿》（又名《鹿苑长春》）、《爱默森选集》、华盛顿·欧文《无头骑士》。

张爱玲说："译华盛顿·欧文的小说，好像在同自己不喜欢的人说话，无可奈何，逃又逃不掉。"

用英文写作长篇小说《秧歌》。《秧歌》在美国出版。《纽约时报》《时代周刊》予以了积极的评价。

《秧歌》第一版很快售罄。

父亲张志沂（字廷众，1896～1953）在上海去世。

中文版《秧歌》于《今日世界》第44～56期连载，七月出版单行本。

在宋淇殷勤张罗下，著名影星李丽华与张爱玲会面。

李丽华邀请张爱玲写剧本。张爱玲连茶点都不曾用，礼貌寒暄，蜻蜓点水，走了。

1955 年 深秋，搭乘克利夫总统号邮轮赴美。

行前宋淇为其预支剧本稿费解决经济困境。

抵达纽约。

先借住在炎樱家，而后搬入救世军的女子宿舍。

完成《人财两得》和《情战》电影剧本。

拜会胡适。

1956 年 3 月，获得新罕布什尔州彼得堡的麦克道威尔文艺营（MacDowell Colony）写作补助，写作 Pink Tears（《粉泪》）。

结识左翼作家赖雅（Ferdinand Reyher，1891～1967）。

5 月 12 日，赖雅去张爱玲的住处同房。

5 月 14 日，赖雅离开营地。

7 月 5 日，赖雅收到张爱玲的信，告知怀孕。

8 月 14 日，两人在纽约结婚。堕胎。

8 月 19 日，张爱玲向宋淇夫妇报告了结婚的消息。

赖雅在信尾附了一段话，向宋淇夫妇承诺，他会让张爱玲安稳，永远美丽、开怀、睿智。

对第二次婚姻，张爱玲的评价是：说不上明智，却充满热情。

在美国杂志 The Reporter 发表 Stale Mates。

10月，赖雅夫妇搬到新罕布什尔州的彼得堡镇。

1957年
~
1958年

在《文学杂志》第一卷第五期，发表《五四遗事》。

《秧歌》由哥伦比亚广播公司改编成剧本，在电视上播出，张爱玲的评语是"惨不忍睹"。

张爱玲为电懋编写的电影《情场如战场》，演出阵容强大：岳枫导演，四大头牌明星林黛、秦羽、张扬、陈厚参演，票房打破香港国语片有史以来的纪录。

邝文美撰写《我所认识的张爱玲》，在《国际电影》7月号刊登，把张爱玲描写为不世出的天才。

《文学杂志》刊登夏志清的《张爱玲论》，由夏济安翻译。

由《赤地之恋》改写的 Naked Earth 卖不出英美版权，由友联出版社出版，燕云写序。

母亲黄逸梵在英国病重，张爱玲寄去一百美元和相关作品。母亲孤独病死在英伦，将遗产——一大箱古董留给了张爱玲。

赖雅说，那是一只充满了悲伤的箱子。日后，赖雅夫妇在困窘中，屡屡变卖珠宝换取面包。

进行自传性长篇 *The Book Of Change* 的撰写，后分为 *The Fall of the Pagoda* 和 *The Book Of Change* 上下两部。

由胡适作保，获得加州亨廷顿基金会半年奖金。

赖雅六十七岁生日，立下遗嘱，将个人财产全部留给张爱玲。

1959 年　1 月，开始翻译《荻村传》。

4 月，张爱玲编剧的电影《桃花运》在香港上映，新星叶枫一炮而红。

5 月，张爱玲和赖雅移居旧金山，居住在布什街 125 号 25 室。

8 月 14 日，第四个结婚纪念日，赖雅夫妇以意大利餐、电影、咖啡、蛋糕庆贺了这一天。有一种"执子之手"的温暖。

9 月，张爱玲翻译的《荻村传》在香港出版。

11 月，张爱玲收到入籍通知，开始办理各种手续。

12 月，闺密炎樱告知，《粉泪》未被出版商接受。张爱玲大哭。

1960 年 1 月,张爱玲编剧的《六月新娘》上映,由葛兰、张扬、乔宏三位一线明星主演。该片系为大婚在即的葛兰量身定做。

7 月 12 日,张爱玲成为美国公民。

1961 年 岁月静好中的张爱玲,重新拾起竞逐美国文坛的野心。她飞抵台湾,搜索张学良资料,准备创作《少帅传奇》。

10 月 14 日,美国新闻处的麦卡锡夫妇宴请张爱玲,由吴鲁芹、殷张兰熙及《现代文学》诸员白先勇、王文兴、陈若曦、欧阳子、王祯和、戴天陪同。

张学良拒访。

张爱玲先由画家席德进陪同四处走访,与表侄女张小燕会面;在王祯和的陪同下,到花莲欣赏丰年祭。途中接到赖雅中风的不幸消息,得知赖雅病情已稳定,便赶赴香港赚钱、还文字债。

写成剧本《南北一家亲》(《南北和》续集)。

夏志清出版了《中国现代小说史》,将张爱玲评定为

"今日中国最优秀最重要的作家",《金锁记》是"中国自古以来最伟大的中篇小说"。

1962年　2月24日，胡适在台湾因突发性心脏病去世，享年七十。
《红楼梦》电影剧本搁置。
3月16日，张爱玲离港。
开始写作英文版《少帅》。

1963年　将《粉泪》改写成《北地胭脂》（The Rouge of the North），这两部作品均脱胎自《金锁记》。
赖雅不断中风，最终瘫痪卧床，每月领取社会福利金五十二美元。
张爱玲创作锐减。

1964年　乔志高坐东，邀请夏氏兄弟、陈世骧与张爱玲在华府聚餐。
6月20日，陆运涛夫妇率领周海龙、翁美丽夫妇及电懋明星团飞往台北支持亚太影展，台湾方面安排一行人赴台中参观国民党从北京故宫带来的文物，回程时不幸在神冈上空坠机。

宋淇离开电懋，张爱玲的电影生涯至此告终。

张爱玲向迈阿密大学申请成为驻校作家，申请过程中和港大再起纠纷。

发表《爱默森选集》译者序。

1965 年 委托夏志清教授寻找工作。

表达了翻译《海上花》的意愿。

1966 年 《怨女》在《星岛晚报》连载。

暑假，夏志清访台，受张爱玲委托，处理《怨女》出书事宜。

9 月，张爱玲动身前往迈阿密大学。

赴迈阿密前，她将赖雅送至其女儿菲丝处照顾；菲丝因自身家务繁重，又将赖雅送回。为此两人不悦。

应庄信正教授邀请，参加了印第安纳大学举办的"中西文学关系研讨会"，发表了有关香港电影业状况的发言。

改写《十八春》。

关于书名，张爱玲有过许多考虑，譬如《浮世绘》

《悲欢离合》《相见欢》《欢》《急管哀弦》《惘然记》，为容易售出电影版权，最后确认书名为比较俗气的《半生缘》。

1967 年 4 月，张爱玲在纽约居住了两个月。

崴了脚。

夏志清约喝茶吃饭，被婉拒。

托夏志清购买《海上花列传》原著。

根据夏志清《张爱玲给我的信件》第 100 页，引邝文美言，张爱玲在纽约再次堕胎。如这种说法得到证实，将又是一颗重磅炸弹。

获邀担任美国瑞德克利夫学院驻校作家，将吴语小说《海上花列传》译为英文。

遇见著名汉学家韩南。

借哈佛大学燕京图书馆之便，开始写作《红楼梦魇》。

应於梨华邀请赴纽约州立大学演讲。

10 月 8 日，赖雅去世，享年 76 岁。

《海上花列传》英文翻译完成了前十回。

1968 年 2 月，发表《忆胡适之》。

继续翻译《海上花列传》。

6月起，皇冠出版社连续出版《怨女》《秧歌》《流言》《张爱玲短篇小说集》，封面一律采用张爱玲最喜爱的月亮意象。

7月，台湾女记者殷允芃执夏志清介绍信，采访张爱玲。

采访中，张爱玲表示："只要我活着，就要不停地写。"

1969年 3月，皇冠出版社出版《半生缘》。

参加了在波士顿举行的"美国亚洲研究学会年会"。

兴趣转向《红楼梦》，没有按照约定完成《海上花列传》翻译工作。

为生存，到处申请基金。

7月间，张爱玲受聘于加州大学伯克利分校，在陈世骧主持的中国研究中心任高级研究员，主要研究范围是中国共产党专用术语，并用英文解释。

1970年 宋淇入香港中文大学工作，不时帮张爱玲代理作品出版。

夏志清出版包括《张爱玲的短篇小说》和《评〈秧

歌〉》的著作《爱情·社会·小说》，在台湾学术圈影响广泛，张爱玲的名声在台湾开始发酵，被认为是五四以后成就最高的作家之一。

1971年 夏志清主编的 Twentieth - Century Chinese Stories，由美国哥伦比亚大学出版，收入张天翼、沈从文等大陆二三十年代作家及台湾现代作家的作品，其中包括张爱玲的《金锁记》（作者自译），被美国各大学的中国现代文学研究课程采用，张爱玲的名声逐渐传扬开来。

2月2日，接受布莱希特研究者 James J. Lyon 专访。

4月，因不遵守劳动纪律，人际关系淡漠，论文未通过，被解聘。

6月10日，约见水晶，接受了长达七小时的访问。

采访地址：加州伯克利杜伦路2025号307室。

1972年 这一年，三分之一的时间在感冒。

4月，完成了解聘前应该完成的有关"文革"的论文《"文革"的结束》和《知青的下放》。

5月，将此论文邮寄给夏志清教授。

6月，联系出版此论文的事宜。

年底,《怨女》英文首二章在 Grove Press 发表。

在学者庄信正帮助下,迁居洛杉矶,开始隐居式生活。

地址:加州洛杉矶市好莱坞区金斯利北街 1825 号 305 室。

1973 年 在《皇冠》发表红学论文。

唐文标开始张爱玲佚稿的挖掘活动,未写完的《连环套》《创世纪》被唐文标拿到杂志抢登,台湾的"张爱玲传奇"发轫。

水晶出版《张爱玲的小说艺术》,夏志清作序。

书中除了张爱玲访问记,还运用比较文学的技法分析张爱玲《第一炉香》和亨利·詹姆斯的《仕女图》。其上海时代精致绝妙的小说,被推崇为五四以来最顶尖的文笔。

1974 年 张爱玲的地址开始在《联合报》等报编辑群曝光。张爱玲的稿费打破之前梁实秋的纪录,创下天价。

在宋淇建议下,准备研究丁玲。

表明自己的写作标杆是《红楼梦》《海上花列传》。

7 月,《小团圆》已完成一半。

胡兰成应邀赴台湾阳明山文化学院（后改名文化大学）任教，开设"华学科学与哲学"课程。

远景出版事业公司沈登恩上阳明山登门造访。胡兰成拿出旧作《山河岁月》和《今生今世》，希望沈登恩出版。

1975年　胡兰成《山河岁月》《今生今世》在远景出版社出版。张爱玲对胡兰成在书中把自己写成他的小妾很是不满。

1976年　由宋淇接洽，香港丽的电视（后改组为亚洲电视）拍摄张爱玲的《半生缘》，由李影、黄莎莉主演。

3月，香港文化·生活出版社出版《张看》。

首次透露完成《小团圆》初稿，十八万字，为夏志清教授定制。

4月，宋淇写信给张爱玲，认为《小团圆》必须修改，至少要把影涉张爱玲本人的九莉、影涉胡兰成的邵之雍的真实身份换掉。

张爱玲坦言，写《小团圆》入戏太深，太过写实，兴奋过后，需要修改。并透露，她写给胡兰成的信函已经全部收回。

5月，皇冠出版社出版《张看》，张爱玲十分重视，亲自设计封面。

出版前宋淇、邝文美联手撰写《私语张爱玲》，张爱玲成为传奇。

《张看》出版一个月后即再版，刷新张爱玲在台湾的销售纪录。

9月，宋淇夫妇开始编写《张爱玲语录》。

作家朱西宁经林怀民介绍，偕妻女上山访胡。

胡兰成离开阳明山文化学院移居朱家隔壁，并指导朱天文、朱天心姐妹和仙枝写作。

朱西宁写信向张爱玲请示写作《张爱玲传》的构想，张爱玲认为朱西宁受到胡兰成影响，从此断绝往来。

《小团圆》预定出书前在《皇冠》《联合报》连载。在宋淇阻止下，搁置。

其间发表的作品有：《红楼梦魇》自序、《张看》自序。

胡兰成返日。

1977年 4月，朱天文集合同学成立三三集刊社，成为培养"张派"小说家的大本营；除了朱天文、朱天心外，苏伟贞、袁琼琼、钟晓阳、丁亚民、林俊颖等小说家皆曾为该社成员。

6月,张爱玲在信中谈到《小团圆》修改的麻烦。

8月,《红楼梦魇》由皇冠杂志社出版。

夏志清的《中国现代小说史》中义版分别在友联出版社及传记文学出版社出版,张爱玲在台湾文坛的声望已凌驾于其他所有中国新文学作家之上。

1978年 《赤地之恋》由台湾慧龙文化有限公司出版,夏志清作序。

4月11日,发表《色,戒》,再度引起风波。

8月,在给夏志清的信中言明《浮花浪蕊》女主角出自自己。认为《同学少年都不贱》写得很坏,搁开去了。

自认写作遇到瓶颈,特别是素材,无法突破旧日的局限。

10月1日,台湾小说家张系国以笔名"域外人"发表《不吃辣的怎么胡得出辣子?——评〈色,戒〉,认为"歌颂汉奸的文字——即使是非常暧昧的歌颂——是绝对不值得写的"。

11月27日，张爱玲发表《羊毛出在羊身上——谈〈色，戒〉》，回应"域外人"。夏志清教授在《新文学的传统》中，用文字声援了张爱玲。

12月，《相见欢》在《皇冠杂志》发表。

自言身体虚弱。

1979年 改写《小团圆》。

姑姑张茂渊写信，预祝张爱玲六十大寿。

根据姑姑的记忆，张爱玲生日为阴历八月十九日。

1980年 完成《海上花列传》的中文评注翻译。

7月，胡兰成在日本家中去世。

张爱玲得知后说："《大成》与平鑫涛两封信都在我生日那天寄到，同时得到七千多美元（其中两千多是上半年的版税）与胡兰成的死讯，难免觉得是生日礼物。"

姑姑张茂渊与李开第在上海结婚。

9月，《海上花列传》完成了四十六回的翻译。

11月，张葆莘的《张爱玲传奇》在上海《文汇月刊》发表。时隔数十年，张爱玲的名字重回上海。

年底，与夏志清讨论《海上花列传》出版事宜。

1981 年 完成了《海上花列传》的全部翻译，准备将前两回发表在译丛上；写信给夏志清教授，恳请代为写序。

1982 年 修订英译《海上花列传》。
拒绝了夏志清关于《海上花列传》作为学术著作在哥伦比亚大学出版的建议。
事实证明这是一个重大的错误的决定。
明星卢燕意欲将《沉香屑》改编成电影。

1983 年 香港导演许鞍华说服邵氏开拍电影《倾城之恋》，将酒店拆除的材料运到邵氏影城，重建浅水湾酒店的场景。远嫁美国的缪骞人返港，和周润发分别出演白流苏与范柳原。戏开拍了才发现没购买版权，宋淇开出一万五千美元的高价。此片于 1984 年公映。
皇冠每年四千美元左右的版税成为张爱玲的固定收入。

1984 年 台湾导演但汉章拍摄电影《怨女》，版权费高达 1 万五千美元。日后，关锦鹏的《红玫瑰与白玫瑰》，版权费两万美元。丰厚的版权收入给张爱玲带来了极大的保障。

5月,《惘然记》由台北皇冠出版社出版,销路很好。

北京《读书》和上海《收获》杂志,先后发表柯灵的文章《遥寄张爱玲》,《收获》杂志还同时刊登了《倾城之恋》。

自此,张爱玲作品重回上海。

6月,为躲避虫患,张爱玲开始了病态性的搬家。

最先搬到附近一栋较低廉的公寓。

地址:1747 N. Serrano Ave. Apt. 216

LA,CA90027

8月,继续搬家。

从一家酒店搬到另一家酒店,遗失一包珍爱的书;体力不支,摔跤,磕破膝盖,感染。医生诊断其为跳蚤敏感症。

1985年 8月,上海书店出版社出版了1944年12月版的《流言》影印本,1987年3月又出版了《传奇》(增订本)影印本。其他多家出版社彩印或编印了多部张爱玲的小说集。

温儒敏、钱理群、吴福辉合著《中国现代文学三十年》出版。书中,张爱玲和周作人、沈从文、钱锺书等以前未入文学史或者不被重视的作家首次进入主流文学史。

《中国现代文学三十年》印数达到六十多万本,是大学现代文学教学覆盖面最广的教材。

张爱玲在跳蚤及皮肤病困扰下,继续不断搬家。

三搬当一烧。遗失了翻译十多年的《海上花列传》修订稿,"一下子震得魂飞魄散,脚都软了"。

水晶发表了《张爱玲病了》。张爱玲与其绝交。

1986 年 继母孙用蕃在上海病逝,弟弟张子静退休。

上海学者陈子善挖掘出中篇小说《小艾》。

台湾影星兼制片人徐枫向宋淇接洽购买《沉香屑:第一炉香》。

根据《怨女》改编的电影公映,夏文汐、高枫主演。

1987 年 《余韵》由皇冠出版社出版。

《明报月刊》登载《小艾》,引起轰动。

1988 年 困扰张爱玲三年多的虱症之皮肤病痊愈，结束流浪生涯，重新开始宅女生活，并有意向将人虫大战写成文字。

地址：245 So. Reno St. Apt. #9, los Angeles

王德威教授认为：张爱玲的"病"与"病态"几乎有了身体艺术的意味。就像卡夫卡、芥川龙之介、贝克特这些现代主义的作家一样，在人与虫的抗战里，在地狱裂变的边缘行走；张爱玲用身体、心理、生命，在无间道中的挣扎，成为其传奇的一部分。

台湾记者戴文采采访张爱玲不得，在张不知情的情况下，搬至隔壁单元，并捡拾张爱玲的垃圾进行研究。

张爱玲紧急搬家。

搬家后的地址：433 S. Lake St. Apt. #322, Los Angeles。

1989 年 3月，外出被撞，右肩骨裂。

陆续发表《草炉饼》《"嗄?"?》。

意图收回《赤地之恋》的版权。

1990 年 姑姑张茂渊邀请张爱玲回上海探亲，张爱玲婉拒，但寄钱给姑姑和李开第，邀请他们到洛杉矶旅游。

1991 年 张爱玲亲自校订的《赤地之恋》由皇冠出版社出版。

徐枫出重资，拍摄根据张爱玲与胡兰成乱世情缘改编的电影《滚滚红尘》，三毛编剧，秦汉、林青霞、张曼玉出演，影片大获成功。

又开始患虫症，4月，动念再次搬家。

5月，申请补丢失的美国公民身份证。

6月，姑姑张茂渊在上海去世，享年九十三岁。

7月，在林式同帮助下，搬入 10911 Rochester Ave. #206，LA，这是张爱玲在俗世间最后的域场。

获知台湾作家三毛自缢的消息，表示出不以为然的态度。张爱玲对三毛未经授权，拿她与胡兰成的情史编剧《滚滚红尘》，是耿耿于怀的。

1992 年 2月14日，张爱玲立"最终遗嘱"。

遗嘱主要内容：一、一旦弃世，所有财产将赠予宋淇先生夫妇。二、希望立即火化，骨灰应撒在任何无人居住的地方，如在陆地，应撒在荒野处；如后事后，钱还有多余，用在作品上，例如请高手翻译，没有出版的出版,关于林彪的一篇英文,虽然已是明日黄花。

动念销毁《小团圆》。

指定林式同为遗嘱执行人。

7月,由张爱玲姑父李开第授权的《张爱玲散文全编》在浙江文艺出版社初版,《张爱玲文集》(四卷本)在安徽文艺出版社初版。

张爱玲的作品开始规模性地在中国内地流传。

1993年 小说《封锁》由夏志清的学生翻译成英文。(张爱玲自己也曾翻译过此小说,但一直未寻找到。)

《对照记》在皇冠连载。

1994年 1月17日,洛杉矶大地震。

张爱玲的住处,只厨房里落下一盏灯。

感冒持续了一整年,如同林黛玉转世。

关锦鹏根据张爱玲小说《红玫瑰与白玫瑰》改编、导演的同名电影公映,陈冲、叶玉卿、赵文煊等主演。

皇冠出版社出版共达十五册的《张爱玲全集》。

5月2日,给夏志清教授写下了最后一封信。信中除了陈述病状外,表达了自己作品让别人翻译是一种痛苦的意向。

6月,《对照记——看老照相簿》出版,此为张爱玲生前出版的最后一部作品。

秋天,张爱玲凭《对照记——看老照相簿》获得第十七届时报文学奖的"特别成就奖"。

12月3日,她在发表得奖感言《忆西风》。

1995年 5月,收到导演王家卫购买《半生缘》电影版权的信函。

5月17日,写信给林式同,动念移居拉斯维加斯。

9月8日,中午时分,房东发现其逝世于加州洛杉矶西木区罗彻斯特大道公寓,终年七十五岁。

遗嘱执行人林式同接到房东和警方电话,赶到现场:张爱玲躺在一张行军床上,身下垫着蓝灰色的毯子,头朝着房门,头发极短,遗容安详;电视机、落地灯、日光灯都开着。

据殡仪馆的结论,张爱玲已经死亡三四天了,直接死因为动脉硬化心血管疾病。

9月19日,遗体在洛杉矶惠提尔玫瑰岗墓园火化。

9月30日,林式同与几位文友,和着玫瑰花瓣,将其骨灰撒入太平洋。

1996 年 张爱玲遗嘱受益人之一宋淇去世。

1997 年 美国南加州大学成立"张爱玲文物特藏中心",宋淇遗孀邝文美捐赠了张爱玲的遗稿,其中有《海上花》的英译未定稿。

许鞍华根据张爱玲小说《半生缘》改编导演的同名电影公映,黎明、吴倩莲主演。

张爱玲唯一的弟弟张子静,去买酒时血管破裂,死在弄堂里一根电线杆下。终身未婚,因为没钱。

10 月,张爱玲的闺密炎樱在纽约去世。

1998 年 侯孝贤根据张爱玲注译的《海上花列传》,拍摄了电影《海上花》,朱天文担任编剧。

2004 年 皇冠文化集团五十周年社庆,推出张爱玲的遗作《同学少年都不贱》。

2005 年 在王德威主持下,《海上花列传》英译版,由哥伦比亚大学出版社正式出版。英文书名 The Sing-song Girls of Shanghai。

天津人民出版社出版了合集《沉香》。

此书收录张爱玲以往未曾正式结集出版的散文、电影剧作（包括《不了情》《太太万岁》《一曲难忘》《伊凡生命中的一天》）、亲笔插画和个人遗物的照片。封面装帧极具张爱玲风格——亮丽的桃红色，以及翠蓝；书中许多细节都是在专家的悉心考证下最后确认的。比如剧本《一曲难忘》是香港科技大学郑树森教授根据油印本整理而成，因为原稿的模糊，也留下了些许存疑文字。张爱玲根据俄罗斯作家索尔仁尼琴《伊凡生命中的一天》改编的广播剧本，则是翻译家乔志高的悉心保存。《不了情》，这个连张爱玲自己都痛惜已经散佚的电影，被编者陈子善教授在 VCD 中发现。众多学人披沙拣金般的努力促成了《沉香》的出版。

24 集张爱玲传记电视连续剧《她从海上来》（《上海往事》）公映，王蕙玲编剧，刘若英、赵文瑄等主演。

2007 年 上海市静安区举行了"张爱玲故居保护和文化开发"研讨会，胡佛研究所高级研究员蔡琳、同济大学优秀建筑保护专家阮仪山、上海市规划局副局长伍江、华东师范大学陈子善教授、作家出版人琼瑶（书面）、香港岭南大学许子东教授、作曲家陈钢、作家淳子等以及各大媒体出席了会议。

会议之后，在张爱玲旧居常德公寓筑铜牌纪念；辟出公寓底楼，开设咖啡书店，以出售、研讨张爱玲以及都市女作家作品为主旨，成为上海的文化坐标。

8月，李安根据张爱玲小说改编的电影《色，戒》在全球公映，获威尼斯电影节最高荣誉金狮奖。

11月，邝文美去世。

宋淇与邝文美之子宋以朗成为张爱玲遗产第二代执行人。

2009年 长篇小说《小团圆》由台湾皇冠文化出版。总销售量一百万册以上。

《小团圆》的出版，改写了张爱玲研究与评论的走向，是无论如何都无法忽略的一部重要作品。

2010年 宋以朗主编，张爱玲、宋淇、邝文美所著的《张爱玲私语录》由台湾皇冠文化出版。

纪念张爱玲诞生九十周年，遗稿《异乡记》《雷峰塔》《易经》由皇冠文化出版。

台湾举办四场张爱玲系列讲座，主题分别为"末代贵族的华丽与苍凉——张爱玲传奇的一生""从尘埃里开出花来——张爱玲倾城的爱情""现代曹雪芹的传世创作——张爱玲的文学成就"，"银灯下的张式美学——比较张爱玲的文字和电影"。

香港浸会大学举办"传奇·性别·系谱：张爱玲诞辰九十周年国际学术研讨会"。

大陆首次举办张爱玲学术研讨会，在北京大学百年讲堂举行，讨论了"张爱玲的文学视野""张爱玲的双语创作""张爱玲与视觉艺术""张爱玲的晚期风格"等四个主题。

2013 年 夏志清教授《张爱玲给我的信件》，由联合文学出版社出版。王德威教授作序。

2015 年 纪念张爱玲逝世 20 周年，新经典文化和故宫出版社推出《小团圆手稿复刻》。

2016 年 台北书展,举办张爱玲特展。

《小团圆》手稿真迹首次面世。

张爱玲的服饰、假发等,也在特定情景中集中展出。

2017 年 张爱玲祖父、张佩纶家藏信札(全十六册),由上海人民出版社出版。